MICHAELA VIESER IRMELA SCHAUTZ

FÜR IMMER UND JETZT

WIE MAN HIER UND ANDERSWO DIE LIEBE FEIERT

VERLAG ANTJE KUNSTMANN

Liebe. Das ist ein schillerndes Wort. Es ist etwas Schönes und etwas Kompliziertes, es kann etwas Schmerzhaftes sein, aber auch das Glück der Welt darstellen. Und eigentlich ist es viel zu statisch für etwas, das so im Fluss ist. Vielleicht sollte es nur das Verb geben: lieben. Die Liebe ist etwas Lebendiges, das wächst, sich entfaltet, sich verändert, größer werden kann, verdorrt und manchmal auch von einem Tag auf den nächsten verschwindet. Über Liebe kann jeder Mensch auf diesem runden Erdball etwas sagen: mal mit diesem Leuchten in den Augen, mal mit einer Spur Traurigkeit, mal mit großen Gesten, mal in stillem Erstaunen, mal erfüllt und mal enttäuscht – aber etwas dazu sagen, das kann jeder. Der eine sucht sie, die nächste hat sie gefunden, ein anderer verloren. Die Liebe, das hört man oft, ist das, was uns zum Menschen macht. Und auch wenn Biologen mittlerweile jedes einzelne Hormon benennen können, das uns verliebt macht, so bleibt die Liebe doch etwas Magisches und für manche vielleicht sogar Göttliches.

Dieses Buch beschäftigt sich mit der Liebe zwischen zwei Menschen. Denn dass wir als Menschen in Paarbindung zusammenleben, ist nichts Neues: Diese Form des Zusammenlebens gibt es seit fast zwei Millionen Jahren, seit der Zeit etwa, als die menschliche Hand evolutionär weit genug war, Werkzeuge einzusetzen. Es gibt Wissenschaftler, die behaupten, nur durch diese soziale Form wurden wir Menschen zu der Spezies, die wir heute sind. Und ein Paar, das ist das Herzstück einer Familie, aber auch das Herzstück eines Staates. So gibt es Parallelen zwischen der Demokratie und der Liebe: Beides funktioniert nur auf Augenhöhe, und nur dann, wenn die Auseinandersetzung damit nicht einschläft und lebendig bleibt, wenn Interesse besteht, sich einzubringen. Immer wieder Arbeit eben.

Dieses Buch beschreibt Bräuche und Rituale der Liebe – hier und anderswo. Denn das Ritual hebt den Moment aus dem ewig fließenden Strom der Zeit heraus und gießt ihn in eine Form. Nur durch das Ritual wird der Moment für alle Beteiligten festgehalten. Überall auf der Welt wurden zum Prozess des Verliebens Rituale entwickelt oder zum Finden der Liebe oder zum Bekanntmachen der Liebe. In diesem Buch versammelt sind Traditionen aus Europa und Asien, Afrika und Polynesien und selbst an einem virtuellen Ort wie dem Internet manifestieren sich Liebesrituale. „Für immer und jetzt" ist quasi chronologisch aufgebaut und folgt der Liebe durch alle Phasen ihres Wirkens: Es beginnt bei den Pheromonen, dem Zündstoff der Liebe, hält sich etwas beim Sex auf, geht dann weiter zur Sehnsucht, scheut sich auch nicht vor der Liebe im Alter, um dann fulminant mit einem Fest der Liebe zu enden.

Nach einem Buch über die Arbeit ist dies bereits das zweite Buch, das in Zusammenarbeit der Autorin Michaela Vieser mit der Illustratorin Irmela Schautz entstand – von der Idee bis zum fertigen Werk. Während Michaela Vieser anthropologische Dokumente und soziale Studien wälzte und unglaubliche Entdeckungen machte, suchte Irmela Schautz nach Motiven, Farben und Ornamenten der Kulturen. Sie bereichert damit die Essays mit Bilderwelten, mal witzig, mal nachdenklich – aber immer so warm wie die Liebe selbst. Texte und Illustrationen machen in ihrer Vielfalt sichtbar, wie viele Facetten und Ausprägungen so ein unfassbarer Begriff wie Liebe hat. Liebe ist nicht nur ein Gefühl, das man alleine in sich trägt: Sie entsteht und entfaltet sich in dem Moment, in dem sie zum Ausdruck gebracht wird.

Das Recherchieren und Nachdenken, die sprachliche und die visuelle Umsetzung war eine eigene Reise in Sachen Liebe – und es war das Kapitel über die Liebe im Alter, das uns beide am meisten beschäftigt hat. Allzu oft wird Liebe als ein Phänomen der Jugend wahrgenommen – und wer die Jugend hinter sich lässt, hat auch jede Chance auf Liebe hinter sich gelassen. Aber so ist es nicht: Das ganze Leben ist da, um die Liebe zu erleben! Und ja, wer es vermag, Liebe auch im Alter frisch zu halten – sei es mit dem einen Lebenspartner, den man schon in der Jugend kennenlernte, oder mit einem, der erst im zweiten, dritten oder vierten Frühling dazustieß, auftauchte, sich bemerkbar machte – der tut gut daran, diese Liebe zu pflegen. Denn Liebe hält jung.

Nachdem alle Kapitel erarbeitet waren, setzten wir uns mit unseren Partnern zusammen und entwickelten „DIY-Rituale" in Sachen Liebe, anknüpfend an die großen Themen, die durch das Buch führen. Und weil es bei jedem Brauch, egal, wo er stattfindet, auch immer etwas zu essen gibt, haben wir dazu Rezepte ausgesucht, ausprobiert und für gut befunden.

Wir wünschen Ihnen eine unterhaltsame, kontemplative und genüssliche Reise durch das Buch, allein oder zu zweien. Vollständig ist sie nicht, diese Reise, aber vielleicht trägt sie dazu bei, dieses große Gefühl in den kleinen Dingen wahrzunehmen und ihm noch öfter zu begegnen: als dem menschlichsten und gleichzeitig göttlichsten aller Gefühle.

Michaela Vieser und Irmela Schautz
Berlin, im Oktober 2015

Die Liebe schmecken

APFELSCHNITZTANZ, ÖSTERREICH

Der Apfel als Pheromonbombe: Einst steckten sich in Niederösterreich die heiratsfähigen Mädchen beim Tanz einen Apfelschnitz in die Achselhöhle und reichten ihn danach, schweißgetränkt, als Schmankerl dem Burschen ihrer Wahl. Funktioniert möglicherweise besser als Speed-Dating ...

Wundre dich nicht, Rufus, warum keine Frau ihre zarte Hüfte unter die deine legen will, auch nicht, wenn du sie durch das Geschenk eines erlesenen Kleides verführen willst oder durch die Freude, die du ihr mit einem durchsichtigen Edelstein machst. Dir schadet ein böses Gerede, das munkelt, tief im Tal deiner Achseln wohne ein garstiger Bock. Vor dem fürchten sich alle; kein Wunder: Denn es ist ein sehr widerliches Tier, bei dem kein Mädchen liegen möchte. Daher vernichte entweder den grausamen Pestgeruch oder hör auf, dich zu wundern, warum alle vor dir davonlaufen.

Gaius Valerius Cattulus, Carmen 69 [1]

Blüte der Jugend oder Ziege in der Achselhöhle: Der Duft, der aus dieser zarten Wölbung unter den Armen hervorströmt, hat es in sich. Man muss ihn nur richtig einsetzen. Aus Niederösterreich ist die Sitte mit dem Apfelschnitz bekannt, den Mädchen beim Tanzen in ihrer Achselhöhle trugen und danach dem Burschen ihrer Wahl zu essen gaben. Aber auch in Finnland oder im Elisabethanischen Zeitalter kannte man diesen Brauch. Im Baltikum half man sich mit einer Kartoffel anstatt eines Apfels und im Wendland konnte es irgendetwas, gerne auch Brötchen oder Zwieback, sein: „Wenn ein Mädchen die Liebe eines Jungen haben will, so soll sie etwas Essbares unter den Arm (in die Achsel) thun, dasselbe durchschwitzen und dann zu essen geben.“ [2]

Eine etwas elegantere Variante dieses Brauches kannte man in italienischen Dörfern, wo die Jungen beim Tanz ein Tuch unter ihre Achseln klemmten und diese olfaktorische Wunderdroge danach den Mädchen ins Gesicht wedelten. Und selbst am französischen Hof machte eine Anekdote über den betörenden Duft eines Mädchens ihre Runde: „1572 wurde die Hochzeit des Königs von Navarre mit Margaret von Valois im Louvre gefeiert, zu Gast war auch der Prinz von Condé mit seiner Frau Maria von Cleves, eine ungeheuer schöne und liebliche Frau von 16 Jahren. Nachdem sie lange getanzt hatte und sich abkühlen wollte, zog sie sich in eine der Garderoben zurück, wo eine der Zofen sie anwies, das Hemd zu wechseln. Just in diesem Moment betrat der Herzog von d'Anjou das Gemach, um sich die Haare zu kämmen, und wischte sich aus Versehen sein Gesicht mit ihrem Hemd ab. Von diesem Moment an war er unsterblich in sie verliebt." [3]

In Frankreich – klar! Aber selbst im prüden Amerika wurde der betörende Duft eingesetzt. Ein Eintrag aus dem *Journal of American Folklore* von 1899: „Wenn du ein Mädchen dazu bringen willst, dich zu lieben, so steckst du ein Bonbon oder etwas anderes, das sie essen wird, in deine Achselhöhle, dass es deinen Geruch annehme." [4] Und vor gar nicht allzu langer Zeit widmete sich das Sexualkundebuch „The Joy of Sex" von 1972 den Achseln. Hier wird geraten, sich die Achselhöhle nie zu rasieren: „Ein klassischer Ort, um Küsse zu platzieren. In tropischem Klima, wo es kein fließendes Wasser gibt, mag man das Rasieren der Achselhöhle vielleicht verzeihen, in unseren Breitengraden ist es aber schierer Vandalismus." [5] Schade eigentlich, dass heute zwischen L.A. und Moskau kaum eine Frau mehr Achselhaare hat.

In der Dramaturgie des sexuellen Kennenlernens kommt es unausweichlich irgendwann zum Austausch von Körperflüssigkeiten. Speichel, Schweiß, Vaginalflüssigkeit, Ohrwachs, Sperma, Milch, Urin, Menstruationsblut – ob man dieses Riechen und Schmecken ganz an den Anfang stellt, als Teil des Sich-Kennenlernens, oder damit wartet, kann man handhaben, wie man will. Aber es sprechen einige Fakten dafür, es möglichst bald zu tun.

Denn der Achselschweiß steckt voller Pheromone, den Botenstoffen, die uns in Sekundenschnelle Dinge mitteilen, für die wir mit dem Intellekt womöglich Jahre benötigen würden.

Die deutsche Kulturanthropologin Ingeborg Ebberfeld bestätigt, dass Frauen vom Achselgeruch der Männer nicht nur sexuell erregt werden, sondern daran auch den richtigen Partner für ihre und die Gesundheit ihrer gemeinsam Kinder identifizieren können. So bevorzugen Frauen, die die Antibabypille einnehmen, Männer mit genetisch ähnlichem Geruch, während Frauen, die keine Östrogene zu sich nehmen, sich von Männern angezogen fühlen, deren genetischer Code ihre genetische Vielfalt und somit auch das Immunsystem optimiert. Es geht sogar so weit, dass der regelmäßige Konsum von männlichem Achselschweiß auf der Oberlippe – wie beim Liebesspiel – zu einer regelmäßigen Regelblutung führt (und ganz nebenbei ist es auch der Achselschweiß einer Alpha-Frau, die in Frauen-Kommunen dazu führt, dass sich alle den Menstruationszeiten dieser Alpha-Frau anpassen).[6]

Einige Evolutionsbiologen gehen davon aus, dass die Pheromone erst zu dem Zeitpunkt in die Achselhöhle wanderten, als der Mensch begann, aufrecht zu gehen, und damit die Intimzone mit ihrer Geruchsvielfalt zu weit von der Nase entfernt lag. Evolutionsbiologisch spricht für diese These die Tatsache, dass die meisten Ostasiaten gar keinen Geruch in den Achselhöhlen produzieren, was nicht am vielen Baden, sondern an den nicht vorhandenen Drüsen liegt. Ein Beweis dafür, dass die Drüsen also nicht immer dort platziert waren. Wer vielleicht Vorfahren aus einem anderen Genpool vom Kontinent hatte und daher doch aus der Achselhöhle muffelte, konnte in der japanischen Armee sogar vom Militärdienst befreit werden. Es war ein Makel, den man niemandem zumuten wollte.

Was genau passiert aber eigentlich in der Achselhöhle? Drei Drüsen produzieren dort ihre Sekrete: ekkrine Schweißdrüsen, um den Körper abzukühlen, Talgdrüsen, die eine ölige Flüssigkeit absondern und damit die Achselhaare einfetten und weich halten, und die apokrinen Drüsen, deren Substanzen erst nach sechs Stunden an der Luft ihren Duft entfalten. Es sind diese Drüsen, in denen die Pheromone versteckt liegen. Die Achselhaare wirken dabei wie ein Verstärker: Sie tragen den Duft nach außen und geben ihn auf einer möglichst großen Oberfläche der Welt preis.

Übrigens bedient sich die Parfümindustrie seit Jahrhunderten der olfaktorisch vergleichbaren Geruchsstoffe tierischer Drüsen, die bei den Tieren eben noch in der Nähe der Sexualorgane liegen: Moschus, Zibet und Bibergeil, die für viel Geld und über lange Wegstrecken gehandelt werden. Moschus wird zur Paarungszeit im Frühling und Frühsommer an einer golfballgroßen Drüse gleich hinter dem Penis der Moschushirsche produziert, Bibergeil entstammt den Drüsen zwischen After und Sexualorganen beim Biber und Zibet den Analdrüsen der Zibetkatze. Sie alle wirken aphrodisierend.

Der delikate Geruch, auf einem Apfel serviert – das ist eine schöne Geste und eine, bei der es nicht nur auf den flüchtigen Duft, sondern auch auf die Frucht ankommt, die ihn trägt: Der Apfel ist eine der ältesten Früchte, die vom Menschen geerntet werden, und es gibt kaum eine Obstsorte, der mehr Symbolik in Sachen Liebe zugesprochen wird, als ihm.

So wird in China der Apfel mit der weiblichen Schönheit assoziiert und Dionysios widmete den Apfel der schönsten aller Göttinnen: der Aphrodite. Auch ihre Begleiterinnen, die drei Grazien, wurden mit dem Apfel abgebildet. Der Apfel als Sinnbild von Fruchtbarkeit und Lust taucht in der Geschichte der Länder, in denen Äpfel geerntet wurden, immer wieder auf: Bei den Babyloniern war es die Göttin Ištar, die Göttin der sexuellen Lust, die mit einem Apfel dargestellt war. In der nordischen Mythologie gibt es Idunn, die Hüterin der goldenen Äpfel, die zu ewiger Jugend verhelfen, und Avalon, die Insel der Feen in der englischen Mythologie, ist nichts anderes als die Apfelinsel. So werden auch noch heute in England bei der Apfelernte nicht alle Äpfel gepflückt, sondern einige für die Feen hängen gelassen.

Schneewittchen verschluckte sich an einem Apfel – und der Kehlkopf bei Männern sei nicht anderes als der im Hals stecken gebliebene Apfel Adams nach dem Sündenfall, heißt es im Volksmund. Dabei hat die Kirche bewusst den Apfel gewählt, um die Frucht vom Baum der Erkenntnis zu illustrieren: In den alten Bibel-Versionen ist nur von einer Frucht die Rede, mal wird sie als Feige, mal als Granatapfel übersetzt. Erst in der lateinischen Übersetzung einigte man sich auf den Apfel, der in seiner kompakten runden Form ein Sinnbild des Totalen, des Vollkommenen darstellt. Hätte die Schlange der Eva einen vielteiligen Granatapfel gereicht, die westliche Kulturgeschichte müsste neu geschrieben werden.

Aber auch in abergläubischen Ideen spiegelt sich die Verbindung von Liebe und Apfel. Wenn man zum Beispiel beim Abdrehen eines Apfelstiels leise das Alphabet durchgeht, erhält man ein kleines Liebesorakel: Der Buchstabe, an dem der Stiel sich löst, ist der Anfangsbuchstabe des Partners fürs Leben. Das funktioniert ebenso gut mit einer in einem Stück geschälten Apfelschale, die man hinter sich wirft – die auf den Boden gefallene Schale formt ein Zeichen, wiederum den Anfangsbuchstaben der großen Liebe. Und wenn man einen langen dünnen Kern im Apfel findet, so wird man bald einen wichtigen Brief in Sachen Liebe erhalten …

In Österreich werden auch heute noch viele, viele Äpfel gegessen. Er gilt als das Lieblingsobst der Nation – und in Niederösterreich, wo die meisten Äpfel geerntet werden, wurde sogar eigens eine Apfelstraße angelegt. Würde man alle hier geernteten Äpfel aneinanderlegen, so gelangte man damit über Kasachstan, dem Urland des Apfels, bis nach China. Genügend Pheromonbomben, um Glück in der Liebe für alle zu garantieren.

Wie man den Duft der Liebe einfängt

Pyjama-Party mit Pheromonen

Wer in New York nicht „tindert", sondern seinen Partner über die gute alte Schule des analogen Speed-Datings kennenlernen möchte, ganz ohne die Hilfe von Algorithmen oder nach rechts gewischten Fotos, kann das jetzt noch schneller und passender. Einzige Voraussetzung: Jeder bringt zum Kennenlernen einen Sack Schmutzwäsche mit. Einmal die Nase reingehalten und schon weiß das Unterbewusstsein schneller als das „normale" Bewusstsein, wer zu wem passt – den Pheromonen sei's gedankt! Warum nicht daraus ein Spiel machen, eine etwas andere Pyjama-Party: Mehrere Paare sind eingeladen. Jeder bringt in einer Plastiktüte ein Schlafgewand mit, in dem er bereits mehrere Nächte geschlafen hat. Dem oder der Mutigsten werden die Augen verbunden. Sie/er schnuppert nun reihum in die Tüten – natürlich um den Partner herauszuschnuppern. Das Ganze macht noch mehr Spaß, wenn am Ende auch eine Strafe droht, von der beide etwas haben: Findet der Schnüffler seinen Partner nicht, muss er/sie ihr/ihmeine Aromatherapie schenken. Folgende Öle können kompensieren, was der Nase entging: Rose, Narzisse, Tuberose, Zistrose, Iris, Jasmin, Tagetes, Ylang-Ylang, Muskatellersalbei, Sandelholz, Pfeffer, Patschuli, Tonka, Benzoe,

Vetiver, Weihrauch, Zimt, Gewürznelke, Muskatnuss, Grapefruit und Orange. Einfach selbst experimentieren, die stimmigsten Düfte mit 50 Milliliter Massageöl mischen und dem gekränkten Partner eine Massage geben. Wirkt Wunder.

*

Apfelschnitze anders an den Mann oder die Frau bringen

Nicht jeder Partner ist so kerniger Natur, dass er einen Apfelschnitz aus der Achselhöhle mit Begeisterung annehmen und genießen wird. Da tut's dann auch einfach ein oder zwei Stück Apfelkuchen, gerne mit Sahne. Nicht irgendein Apfelkuchen, sondern ein Blech-Gitterkuchen, der Klassiker aus der Steiermark, von wo die besten Äpfel Österreichs stammen.

Steirischer Apfelkuchen

Zutaten:

Für den Teig:
600 g Mehl
1 Päckchen Backpulver
200 g Butter (in Stückchen)
50 g Zucker
½ TL Salz
250 ml Milch

Für den Belag:
1 ½ kg Äpfel
125 g Zucker
1 EL geriebene Zitronenschale
6 EL Zitronensaft
125 g Rumrosinen (normale Rosinen gehen auch)
100 g Mandeln (gehackt)
1 TL Zimt
1 Eigelb
1 EL Wasser
200 g Aprikosenkonfitüre
100 g Puderzucker

Aus Butter, Mehl, Backpulver, Zucker, Salz und Milch einen Teig kneten und in den Kühlschrank stellen. Die Äpfel schälen, grob reiben und mit Zucker, geriebener Zitronenschale, 4 Esslöffeln Zitronensaft, Rumrosinen, gehackten Mandeln und Zimt vermengen. Drei Viertel des Teiges ausrollen und auf ein gefettetes Blech legen. Die Apfelmischung gleichmäßig darauf verteilen. Den übrigen Teig ausrollen, in Streifen schneiden und als Gitter über die Äpfel legen. Eigelb mit Wasser verquirlen und das Gitter damit bepinseln. Den Kuchen im auf 200 Grad (Gasherd Stufe 3) vorgeheizten Ofen 30 Minuten backen und dann etwas auskühlen lassen. Das Gitter mit der erhitzten Marmelade bestreichen. Puderzucker und zwei Esslöffel Saft einer Zitrone verrühren und das Gitter glasieren.

Die Liebe ersteigern

MAILEHEN, DEUTSCHLAND

Für Geld und gute Worte kann man alles haben, so lautet ein geläufiges Sprichwort. Warum also nicht mithilfe von Geld festlegen, welcher Junggeselle mit welcher Jungfer in den Mai tanzen darf? Im Rheinischen gibt es seit Jahrhunderten den noch immer gepflegten Brauch des Mailehens: Die Jungfrauen eines Dorfes werden an die Jungmänner versteigert. Haben die noch nie etwas von Emanzipation gehört? Besser nicht fragen. Tanzen!

Der Wonnemonat Mai wird in Deutschland traditionell mit dem Maitanz begonnen. Wenn der Flieder blüht und die Maiglöckchen ihren betörenden Duft verbreiten, dann kommen auch die Säfte der Menschen wieder in Schwung. So ein Maitanz ist dann eine schöne Sache.

Woher der Brauch stammt, weiß heute so recht keiner mehr. Die einen behaupten, er beziehe sich auf ein altes heidnisches Ritual, andere machen Pippin den Kurzen dafür verantwortlich: Der soll 755 nach Christi seine jährliche Heeresversammlung vom 1. März auf den 1. Mai verlegt haben. Während die Ritter aufmarschierten und das Volk zusammenlief, floss das Bier und die Musiker spielten auf ihren Schalmeien. Man schmückte die Dörfer in frischem Grün und steckte Blumen an Pferdemähnen, Mädchenhaare und Häuserwände.

Der Tanz am Abend ist auch heute noch ein Highlight und wird in Städten genauso gern gefeiert wie in Dörfern. In der Ausführung gibt es regionale Unterschiede. Dass man aber für diese Nacht die jungen Mädchen an die jungen Männer versteigert, ist ein Brauch, der, man glaubt es kaum, heute noch im Rheinland gepflegt wird. Mit den Vorbereitungen für dieses wichtige Datum wird schon im ausklingenden Winter begonnen: Die Junggesellen einer Gemeinde treffen sich und gründen einen Maiklub. Seit dem 18. Jahrhundert sind solche Zusammenkünfte belegt. Der genaue Zeitpunkt ist von Ort zu Ort verschieden. Weil wir uns in Deutschland befinden und in Deutschland alles amtlich geregelt wird, gibt es dafür zwei penibel notierte Satzungen: einmal den Maiklub, der nur für den Monat Mai besteht – der Klub zelebriert im April seine Gründung und das Ganze endet am 31. Mai mit einer Schlussversammlung – und dann noch den Maiklub, der sich ganzjährig um die „Pflege und Erhalt des Junggesellenbrauchtums“ bemüht.

Gemein haben alle Arten von Maiklub, dass das Bier fließt. Sobald der Vorstand und der Maikönig gewählt sind, wird erst einmal auf die Wahl angestoßen. Ein Trinkspruch hilft, die aufwallenden Emotionen in Worte zu verpacken – geistreiche Verse wie „Hebet den Tisch“. (Der Spruch wird gerne theatralisch untermalt, indem die jungen Männer den Tisch, an dem sie gerade sitzen, in die Höhe heben.) Dabei empfiehlt es sich, den Spruch durch einen Vorrufer artikulieren und dann vom gesamten Gremium wiederholen zu lassen. Der Trinkspruch wirkt je besser, je öfter er im Lauf des Abends ausgerufen und zurück geschmettert wird. Während Zungen und Münder zu vorgerückter Stunde ungelenker und lallender werden, bietet es sich an, den Trinkspruch auch einmal stakkatoartig zu interpretieren, so kann er seine ganz eigene Dynamik entfalten! [1]

Ist der Rausch ausgeschlafen, werden bei einem weiteren Treffen alle Mädchen über 16 versteigert. Es geht dabei um das Recht, mit einem bestimmten Mädchen das Maifest zu begehen. So eine Versteigerung ist natürlich eine sensible Sache für einen unerfahrenen Jungmann, dem gerade der zarte Flaum am Kinn zu wachsen beginnt. Auch hier kann Bier helfen, schüchterne Muttersöhnchen in tatkräftige, ernst zu nehmende Bieter zu verwandeln.

Alle qualifizierten Mädchen des Ortes sind auf einer Liste aufgeführt und nun beginnen die Versteigerungen, natürlich unter Ausschluss der Mädchen: Die besonderen Vorzüge werden erwähnt, abgenickt oder ausdiskutiert und zuletzt bestätigt. Es bedarf nicht allzu großer Fantasie zu erraten, um welche Art von Vorzügen es sich dabei handelt: Die intellektuellen sind es eher nicht. Auch hier hat wieder alles seine deutsche Ordnung: Die Namen werden in alphabetischer Reihenfolge vorgelesen und dann die Gebote abgegeben. Dass die Jungmänner im Vorfeld Bescheid wissen, wer auf welches Mädchen steht, ist zu erwarten. Ebenfalls zu erwarten ist, dass manch einer versuchen wird, durch Mitbieten den Preis in die Höhe zu treiben. Schließlich wird alles Geld, das hier zusammenkommt, für weiteres Bier ausgegeben! Und sollte doch einer mal überboten und so um seine Chance mit dem Traummädchen beraubt worden sein, ist es in dieser eingeschworenen Gruppe möglich, sich nach der Versteigerung das Recht auf ein bestimmtes Mädchen wieder abzukaufen.

Am Tag nach dem großen Bieten geht ein jeder der jungen Männer zu seiner Ersteigerten und unterrichtet sie von ihrem Glück. In den Maifest-Annalen rheinischer Ortschaften kam es übrigens bisher noch nicht vor, dass ein Mädchen sich weigerte, ihren Ersteigerer zum Fest zu begleiten.

Nachdem die Maifrau zugestimmt hat, verbringt der Junggeselle eine Woche damit, ihr ein Präsent zu basteln und damit seine Geschicklichkeit unter Beweis zu stellen: Die einen fertigen einen hübschen Maistrauß aus Krepppapier-Rosen an, andere malen große Bilder mit Herzen, in denen die Initialen der Maifrau stehen, andere wiederum kreieren Bilder, die mit Kreppposen beklebt werden, und wieder andere schlagen im Wald einen Maibaum, der am Haus des Mädchens angebracht wird. Die Förster im Rheinland haben sich über die Jahrhunderte darauf eingestellt: Sie geben dementsprechende Schlagräume frei und achten auf unerlaubtes Fällen der Bäume.

Was dann geschieht, schildert bereits ein Eintrag von 1781 aus dem Aachener Raum: „In den letzten April Tägen bis zum Anfang des May-Monats pflegen sich die jungen Manns-Leute und Buben bei Abendzeiten Hauffen-weiss zu versammeln, suchen eine gewisse Anhöhe oder freien Platz und ruffen daselbst diejenige, welche aus beyderley Geschlecht sich einander gerne sehen ... mit Namen aus." [2] Auch heute, in Zeiten von Facebook und Parship, sind diese Zusammentreffen nicht aus der Mode gekommen.

Das erste große Ereignis findet in der Nacht zum 1. Mai statt. Die Junggesellen ziehen gemeinsam durch die Straßen und suchen die Häuser auf, in denen ihre Maifrauen wohnen. Ein herrlicher Anblick: Eine Horde gröhlender junger Männer, einer für alle, alle für einen. Von den Eltern der Damen wird an diesem Abend erwartet, die jungen Männer mit Getränken zu versorgen. Da das genaue Eintreffen des Pulks von vielen Faktoren abhängt, müssen die Familien die ganze Nacht über bereit sein. Ist die Runde getan, geht es zur Einkehr in die Dorfkneipe und man singt Lieder – über tausend nackte Weiber, männliche Geschlechtsteile oder andere Dinge, die einem so in den Kopf kommen. [3] Andere Wirtshausbesucher wissen dies zu schätzen und intervenieren ausnahmsweise nicht.

Falls danach noch was geht, beginnt das, was neudeutsch als „windowing" bezeichnet wird, früher aber in Bayern „fensterln" und im Rheinland „Schlut gehen“ genannt wurde: „Schlut“ bezeichnet den dicken Strohhelm, den sich die jungen Burschen aufsetzten, um beim Ersteigen der Leiter zum Fenster der Liebsten vor eventuellen Schlägen gefeit zu sein.[4] Ja, die jungen Männer versuchen tatsächlich, durch das Fenster ins Zimmer des Mädchens einzusteigen, um einen Kuss von ihr zu ergattern!

In der Mainacht drückt die Dorfbevölkerung da gerne mal ein Auge zu. Auch wenn 1793 das Statutenbuch der Junggesellen in Impekoven bei Bonn warnt: „Es wird uns Junggesellen und einem jeden kundt und zu wissen gedahn, das auf vielen Dörfern durch viele freventliche und vermessene Unheile und verführliche Liederlichkeit der Jugend viele junge Burschen ... in Unglück geraten ... Unmäßige und ungebührliche Aufruhr und Nachtschwärmerei soll bei den Junggesellen zur Selbstbestrafung ganz ausgeschlossen und verboten sein.“[5]

Und dann kommt endlich der große Tag. In Barmen, einem Ortsteil von Wuppertal, geht es am 1. Mai gleich um sieben Uhr morgens weiter, verschiedene Zeremonien stehen für die Wackeren auf dem Programm. Wacker lässt sich in diesem Fall ausnahmsweise etymologisch auf das Wort „wecken“ zurückführen. Das heißt: Die Blaskapelle der Gemeinde spaziert in aller Herrgottsfrühe durch die Straßen und schmettert lebensfrohe Lieder wie „Alle Vögel sind schon da“. Es ist noch genug Zeit für ein paar Biere bis zum Maitanz am Abend – der, wenn er dann endlich beginnt, eigentlich auch nicht mehr so wichtig ist. Alle sind einfach nur müde und durchzecht. Die Kapelle spielt „Der Mai ist gekommen“, die Paare tanzen und irgendwann geht man zum Pogo über. Das letzte Lied in Barmen ist immer „Satisfaction“ von den Rolling Stones, auch dies ein uralter Brauch.

Hier und da gibt es Regeln, die besagen, dass Maifrau und Maimann sich nicht weiter als einen Meter voneinander entfernen dürfen, in manchen Ortschaften achten sogenannte extra für diesen Zweck berufene Mai-Polizisten darauf, dass diese Gebote auch eingehalten werden. Nach anderen Regeln muss die Maifrau ein bestimmtes Gericht kochen, das dann von der Mai-Polizei begutachtet wird.

Wer sich nun fragt, welchen tieferen Sinn das Ganze eigentlich hat, findet eine mögliche Antwort in den Geschichtsbüchern: In ländlichen Gegenden tat man immer gut daran, die Jungen auf das eigene Dorf einzuschwören, um in Erbangelegenheiten kein Land an ein Nachbardorf zu verlieren. Mit dem Brauch des Mailehens lernte sich die heiratsfähige Dorfgemeinschaft kennen und schätzen. Traditionell ist die Mailehenschaft vorüber, wenn die dicken Bohnen blühen.

Wie man selbst das Maifest begehen kann

Einen Krepprosenstrauß anfertigen

Blumen sind eine schöne Sache, selbst gemachte haben den Vorteil, dass sie niemals welken und ewig halten – so wie hoffentlich die Liebe der Person, der dieser Strauß verehrt wird.

Was man benötigt:

- Farbiges Krepppapier (für die Blüten, also entsprechende Farben wählen)
- Etwas, das als Blumenstängel durchgeht (ein Ast, Schilfrohr oder ein langer dünner Holzstab)
- Klebeband (durchsichtig, grün oder mit hübschen Mustern)
- Schere

Einen Streifen Krepppapier von ca. 25 cm Länge und 5 cm Breite zurechtschneiden. Diesen wie eine Ziehharmonika falten und das obere offene Ende fransig schneiden. Dies ist das Innere der Blüte. Das Blüteninnere um das obere Ende des Stengels wickeln und mit Klebeband befestigen. Ungefähr 15 äußere Blütenblätter in verschiedenen Farben und in zwei Größen ausschneiden. Jedes Blatt sollte die Form eines Rosenblatts haben, nur viel größer. Die kleineren dieser Blütenblätter am unteren Rand raffen und um das Blüteninnere arrangieren, dann mit Klebeband festkleben. Zum Schluss die größeren Blütenblätter um die kleineren arrangieren und ebenfalls raffen und festkleben.

Das wichtigste Getränk für das Maifest
Waldmeister findet sich nicht von ungefähr in der Maibowle – die Natur hat sich etwas dabei gedacht, dass sie genau im Wonnemonat dieses Kraut so verführerisch grün anbietet: Dem darin enthaltenen Cumarin wird eine aphrodisierende Wirkung zugeschrieben. Übrigens schmeckt der Waldmeister besonders gut, wenn man ihn etwas anwelken lässt, denn erst dann entfaltet sich das angenehm würzig duftende Cumarin. Es gilt als Heilmittel gegen Migräne und Kopfschmerzen, stärkt Herz und Leber. Bei übermäßigem Genuss aber bewirkt es genau das Gegenteil: Schwindel und übles Pochen im Schädel sind die Folgen. Also besser nicht alleine trinken.

Maibowle – Das alte Originalrezept

Zutaten:
500 ml Weißwein (trocken)
2 EL brauner Zucker
1 Päckchen Vanillezucker
250 ml Sekt (trocken)
5 Stängel Waldmeister (darf noch nicht blühen!)
1 Stängel Minze oder Zitronenmelisse (nach Belieben)
2 Zitronen (in Scheiben geschnitten)

Die Zitronenscheiben in den Tiefkühler geben und einfrieren. Braunen Zucker und Vanillezucker im Wein auflösen. Waldmeister nach dem Pflücken anwelken lassen und nach Belieben mit Zitronenmelisse und Minze kopfüber (!) für mindestens 30 Minuten, aber maximal 45 Minuten in den Wein hängen. Die Schnittstellen der Pflanzen dürfen dabei nicht in den Wein tauchen! Nun den parfümierten Wein im Kühlschrank abkühlen lassen und erst kurz vor dem Servieren mit ebenfalls gekühltem Sekt auffüllen. Die Bowle in großen Weinkelchen mit einer gefrorenen Zitronenscheibe als „Insel" servieren. Tipp: Keine Eiswürfel hinzugeben, die nehmen das Waldmeisteraroma!

Die Liebe durch ein Geschenk beweisen

LOVE SPOONS, GROSSBRITANNIEN

Spricht man in Wales vom „Löffeln“ in Liebesdingen, so ist damit zuerst einmal eine ganz und gar unschuldige Tätigkeit gemeint: Mit Löffeln oder *Spooning* bezeichnete man dort das Verschenken von reich verzierten Holzlöffeln, die junge Männer an langen Winterabenden schnitzten, um sie anschließend einem Mädchen zu verehren. Der Löffel galt als Beweis der Liebe und der Fürsorge, die er ihr widmen würde, wenn sie ihn erwählte. Tat sie's, konnten sie löffeln, wie sie wollten.

Viele Tiere benutzen Werkzeuge, zum Beispiel zur Nahrungsbeschaffung. Mit einem Stein Nüsse öffnen oder mit einem Stab in einem Baum nach Termiten bohren, so wie es Affen tun. Sogar Geschenke werden im Tierreich gereicht. Pinguin-Männchen schenken ihren Weibchen Steine – sie schützen später das Ei davor, am Eis anzufrieren. Listspinnen schenken ihrem Weibchen ein eingewebtes Insekt, an dem sie während des Sexualakts naschen kann. Sobald es vorbei ist, packt das Männchen das Insekt allerdings wieder neu ein und schenkt es der nächsten Spinnenfrau. In Rom, so haben Tierforscher festgestellt, gibt es Straßenkatzenrudel, bei denen die Kater – und nur die Kater – den Katzen höflich den Vortritt beim Müll lassen. Der Hintergedanke dabei ist unschwer zu erraten. Und so ähnlich verhält es sich auch mit den unschuldigen, nett verzierten Löffeln, die walisische unverheiratete Männer an walisische unverheiratete Mädchen schenkten. Ja, sie gestanden damit ihre Liebe. Aber eigentlich, eigentlich ... wollten sie Sex.

Allerdings handelt es sich bei diesem Geschenk um etwas selbst Angefertigtes und es gibt im ganzen Tierreich kein Tier, das mithilfe eines Werkzeugs einen Gegenstand herstellt und diesen an ein anderes Tier reicht, um seine Fortpflanzungschancen zu erhöhen. Etwas als Zeichen der Liebe zu verschenken, es mit den eigenen Händen anzufertigen und darin Zeit, Arbeit und gute

Gedanken zu investieren: Diesen sowohl komplizierten als auch kontemplativen Bogen bringen nur Menschen fertig.

Dem englischen Zitat *Seeing's believing, but feeling's the truth* (Sehen heißt glauben, aber Fühlen ist die Wahrheit.) liegt das Bewusstsein um die Kraft der Haptik zugrunde: Etwas anfassen können, mit den Händen halten ist für uns Menschen eine der stärksten Erfahrungen überhaupt. Beim Sehen kann es sich auch um eine Illusion handeln. Zauberer arbeiten damit. Aber etwas anfassen: Darin kann man sich nur schwer täuschen. Gott erschien Moses zwar als brennender Busch, die zehn Gebote aber hinterließ er in Stein gemeißelt. Und so ist ein Gegenstand, sei es auch „nur" ein Löffel, aufgeladen mit Symbolen der Liebe, so viel wirkungsvoller und anhaltender, als das nur verbal ausgedrückte Geständnis: Ich liebe dich.

Seit dem Mittelalter kennt man zwar auch das Überreichen eines Verlobungsringes – eines fühlbaren Gegenstands, um das Versprechen der Liebe zu untermauern. Aber dieser Akt ist doch ein wenig indirekter und komplizierter: Der Mann kauft einen Verlobungsring. Zeit und Arbeit investiert er bereits, um das Geld dafür zu beschaffen; die guten Gedanken setzen vielleicht beim Auswählen eines passenden Steins und Designs ein. Oder in der Überlegung, in welchem „Setting" der Ring überreicht wird. Da ist so ein Liebeslöffel doch deutlich handfester.

In den ländlichen Gegenden von Wales waren die Menschen arm. Schmuck aus edlen Materialien zu verschenken, daran war nicht zu denken. Wollte ein Mann etwas geben, dann musste er es schon selbst herstellen. Und die praktisch veranlagten Waliser verschenkten lieber einen Alltagsgegenstand: Etwas, das die

Auserwählte jeden Tag benutzen konnte und das sie immer wieder an das Liebesversprechen erinnerte: einen *Love Spoon* eben, einen mit vielen Symbolen verzierten, handgeschnitzten Löffel.

Wann genau und wie die *Love Spoons,* die Liebeslöffel, in Wales zum Brauchtum wurden, ist nicht bekannt. Löffel werden hier zum ersten Mal vom walisischen Barden Taliesin im 6. Jahrhundert erwähnt: *llwy,* Löffel, als Werkzeug zum Essen, aus Holz geschnitzt. Da es aber in der Natur des Werkstoffs Holz liegt, dass er mit der Zeit zerfällt und bei Feuern verbrennt, sind die meisten *Love Spoons* der Geschichte verloren gegangen – es waren kein Gegenstände, die man über Generationen aufbewahren konnte. Der älteste liegt im Museum of Welsh Life in St. Fagans, Cardiff und datiert aus dem Jahr 1667. *Love Spoons* wurden aus heimischem Holz geschnitzt. Platanenholz scheint beliebt gewesen zu sein, aber auch Linde und Apfel. Angeblich übergaben die Familien ihren männlichen Nachkommen schon im Jungenalter das Holz eines gerade gefällten Apfelbaumes, damit sie später mit dem gut abgelagerten Holz ihrer Liebsten einen Löffel schnitzen konnten.

In Europa gab es vor dem 17. Jahrhundert eine kleine Eiszeit und die Winter waren besonders lange, dunkel und kalt. Man musste viele Stunden am Kamin sitzen und natürlich konnte man währenddessen alle Werkzeuge reparieren, die ab dem Frühling wieder in Gebrauch sein würden – aber den jungen Männern, die voll in ihrem Saft standen, muss es sehr schwer gefallen sein, diese ruhige Zeit zu überbrücken. Löffel zu schnitzen und sie reich zu verzieren, war da sicher eine willkommene Abwechslung und half, die Ungeduld zu bekämpfen. Es ist ein wenig so wie mit dem Falten von Kranichen in Japan, wo man tausend Kraniche aus

Papier faltet, damit ein Wunsch in Erfüllung geht, oder das Binden von Schleifen des Mitgefühls in Amerika: Man muss nicht tatenlos herumsitzen, man kann etwas tun! Die Hände sind beschäftigt und dabei wandert der Geist, man taucht ein ins Tun und vergisst darüber vielleicht die Qualen einer noch nicht bestätigten Liebe.

Die Symbolsprache der *Love Spoons* ist einfach und die Symbole verraten etwas über die Wünsche und den Charakter des jungen Mannes, der den Löffel schnitzte: Herzen – einfach Liebe; Vögel – lass uns zusammen davonfliegen; Glocken – ich will dich heiraten; Hufeisen – ich wünsche dir Glück; ein Kreuz – ich bin gläubig; eingeschnürte Bälle – bei mir bist du sicher; oder Blumen – ich lasse dir Zeit, damit unsere Liebe wachsen kann. Oft finden sich aber auch Anker. Denn es gab in der Region und zu der Zeit, als man *Love Spoons* traditionsgemäß verschenkte, viele Männer, die zur See fuhren. Auch fern der Heimat, auf einem testosteronbeladenen Schiff, hatte das konzentrierte Schnitzen einen beruhigenden Effekt.

Es gab kein Gesetz, das besagte, dass ein Mädchen den Jungen auch heiraten musste, der ihr einen *Love Spoon* schenkte. Ohnehin fanden bis zum Ende des 18. Jahrhunderts in Wales zeremonielle Hochzeiten bei Paaren niederen Standes gar nicht erst statt, man zog einfach zusammen. Aber es gab wohl Familien, wo über dem Kamin alle *Love Spoons* der Töchter aufgehängt wurden, ein Zeichen für die Popularität der jungen Frauen. Wollte ein Mädchen allerdings allen zeigen, dass sie einen Löffel von einem Mann erhielt, den auch sie schätzte, so konnte sie sich diesen an ihre Schürze binden – als Zeichen der Treue. Welcher Mann es war, das blieb natürlich geheim.

Übrigens taucht der *Love Spoon* nicht nur in Wales auf, sondern in vielen ursprünglich von Kelten bevölkerten Ländern. Aber auch in Norwegen war es Tradition, Holzlöffel als Symbol der Liebe anzufertigen. Hier allerdings mit einem kleinen, nicht unbedeutenden Twist: Der junge Mann und seine Angebetete durften im Hause ihrer Eltern ohne Aufsicht zusammen in einem unbeheizten Raum sitzen. Am Ende dieser Sitzung musste der junge Mann einen *Love Spoon* vorweisen, den er in der gemeinsam verbrachten Zeit geschnitzt hatte. Der norwegische Liebeslöffel war etwas aufwendiger gestaltet als der aus Wales: Es handelte sich hierbei um zwei Löffel, die an einer hölzernen Kette miteinander verbunden waren. Dabei fingen die Eltern gleich zwei Fliegen mit einer Klappe: Zum einen konnten sie den beiden Verliebten ermöglichen, sich mehr oder weniger intim kennenzulernen. Und sie bekamen einen Eindruck von den Schnitzkünsten des jungen Mannes, die Rückschlüsse auf seine Arbeitskraft zuließen.

In fast ganz Europa finden sich aber auch noch andere, selbst angefertigte Alltagsgegenstände als Beweis der Liebe: In Deutschland und Ländern um die Ostsee herum verschenkten junge Männer selbst verzierte Waschbretter – heute wäre das Geschenk einer Waschmaschine als Liebesbeweis eher nicht ratsam. In Finnland wurden Spinnrocken angefertigt, angeblich weil die Form einer Spinnrocke an die Formen einer Frau erinnerte. In Gegenden, in denen es Milchmägde gab, konnte es auch mal ein Milcheimer oder Hocker sein und in den Yorkshire Dales in England, wo vor der industriellen Revolution die gesamte Bevölkerung dem Stricken frönte, verschenkten junge Männer Halter für die Nadeln, die man am Gürtel befestigen konnte.

Wieder in anderen Gegenden verehrten die jungen Männer ihren Angebeteten fein geschnitzte Stäbe für ihre Korsette, nicht jeder konnte sich Stäbe aus Wal-Barten leisten. Die Stäbe hatten den Vorteil, dass sie nah am Körper der Jungfrau getragen wurden – und auch wenn sie sonst keiner sah, so beflügelte das Wissen um dieses Geheimnis die Fantasie beider Beteiligter.

Aus dem 16. Jahrhundert sind allerdings auch Gerichtsbeschlüsse überliefert, die sich mit Vorwürfen von Frauen befassen, die von Männern einen Gegenstand als Liebesbeweis empfingen und sich daraufhin auf mehr einließen. Sie hatten den Liebesbeweis als Symbol der ewigen Liebe betrachtet, die Männer dagegen hatten eher wie die Listspinne gehandelt und behaupteten anderes.

Etwas Dingfestes zu verschenken, hat noch eine weitere Ebene: Gegenstände können Erinnerungen heraufbeschwören. So mag eine alte Frau auf die *Love Spoons* ihrer Jugend blicken und sich dabei an diese so besondere Zeit in ihrem Leben erinnern. Wer schenkte ihr diesen und jenen Löffel, wann und an welchem Ort – und welche Ereignisse und Gefühle sind damit verknüpft?

Platon nannte das Handwerk *poiein.* [1] Es ist derselbe Wortstamm, der auch in Poesie mitschwingt. Und so ist ein selbst gefertigter Gegenstand vielleicht auch ein in eine Form gebrachtes Gedicht. Auf rätselhafte und sehr menschliche Art und Weise vermag er Gefühle auszudrücken und besitzt die Kraft, diese zu übermitteln – ganz allein durch Anfassen.

Wie man Liebe schenkt

Gefühlen eine Form schenken
Die Waliser verschenkten ihre Löffel als Liebesbeweis, da sie daran glaubten, dass die Energie, die der Liebende hineinsteckt, sich auf den Beschenkten überträgt. Es muss ja nicht unbedingt ein Löffel sein. Einen Schal stricken, etwas töpfern und von den Händen die Kraft in den Ton übertragen: Der Effekt ist derselbe. Wer sich traut, einen *Love Spoon* zu schnitzen, soll das tun: Beim ersten Waldspaziergang im Frühjahr ein Stück Holz finden, es trocknen lassen, dann im Winter daran schnitzen. Und wenn draußen die klirrende Kälte wartet, wird eine walisische Suppe gekocht und dazu der Löffel überreicht: wärmt Herz und Magen. Wem das Schnitzen eine zu große Herausforderung ist, der kann ein fertiges Salatbesteck aus Holz besorgen und einen Lötkolben: Symbole oder Zitate (einige schöne Beispiele weiter unten) lassen sich kinderleicht einbrennen. Zum Salatbesteck gibt es ein Rezept für einen Lauchsalat: Lauch ist die walisische Nationalpflanze.

Was du liebst, lass frei. Kommt es zurück, gehört es dir – für immer.
Konfuzius

Die Liebe besteht zu drei Viertel aus Neugier.
Casanova

Wo die Liebe den Tisch deckt, schmeckt das Essen am besten.
Französisches Sprichwort

Gemeinsam etwas auslöffeln

Walisische Cawl-Suppe

Cawl ist das Nationalessen in Wales. Es ist eine Suppe aus Lauch und Lamm, in die aber auch Wurzelgemüse, Kartoffeln oder Kohlarten hineingeschnippelt werden. Rezepte dafür gab es bereits im 15. Jahrhundert. Cawl wird in den Wintermonaten verspeist und gibt Kraft.

Zutaten (für 6 Portionen):
6 kleine Lammhaxen
250 g gehackte Zwiebeln
Ein Kräuterbund aus Lorbeer, Thymian, Rosmarin und Petersilie
1 l Wasser
250 g Lauch, gereinigt und in dünne Scheiben geschnitten
250 g Kartoffeln, ohne Schale, in Würfel geschnitten
250 g Kohlrüben, ohne Schale, in Würfel geschnitten
250 g Karotten, in Würfel geschnitten
½ kleiner Wirsingkohl
2 EL Pflanzenöl
Salz und Pfeffer

Das Pflanzenöl in einer großen Pfanne erhitzen, die Lammhaxen würzen, zusammen mit der Zwiebel in die Pfanne geben und rundherum anbraten. Dann die Kräuter hinzufügen und mit dem Wasser aufgießen. Das Ganze zum Kochen bringen, danach die Hitze reduzieren und 40 Minuten zugedeckt leise köcheln lassen. Alles Gemüse, außer dem Wirsing, beigeben und nochmals aufkochen. Hitze reduzieren und weitere 40 Minuten köcheln lassen. Falls der Sud sich dabei zu sehr reduziert, mit Wasser oder Wein aufgießen. Den Wirsing in feine Streifen schneiden und dazugeben, ungefähr 5 Minuten lang mitkochen, dann servieren.

Lauch-Orangen-Salat

Zutaten (für 2 Portionen):
2 dünne Stangen Lauch
4 Orangen
Saft von einer ½ Limette
100 g fettarmes Joghurt
2 EL geröstetes Sesamöl
2 TL Currypulver
Salz, Pfeffer aus der Mühle
Limettenscheiben zum Garnieren

Den Lauch gut putzen, waschen und in Ringe schneiden. Orangen mit einem scharfen Messer gründlich schälen und dabei alle weißen Häute entfernen. Dann Filets zwischen den Trennhäuten herausschneiden, austretenden Saft auffangen, Orangenreste mit der Hand noch auspressen. Orangenfilets und Lauch mischen. Für das Dressing Orangen- und Limettensaft mit Joghurt und Sesamöl verrühren, mit Salz, Pfeffer und Currypulver abschmecken. Das Dressing mit dem Lauch-Orangen-Salat vermengen, auf Tellern anrichten und mit Limettenscheiben garniert servieren.

Die Liebe einatmen

HONGI-KUSS, NEUSEELAND

Eine wissenschaftliche Studie belegt, was alle, die „Pretty Woman“ gesehen haben, schon längst wussten: Männer erinnern sich am Ende ihres Lebens gerne an die Frauen, mit denen sie Küsse austauschten – nicht an die, mit denen sie Sex hatten. In Neuseeland sollte man sich schon allein aus politischen Gründen merken, wen man küsst. Mit dem Hongi-Kuss werden Staatsoberhäupter beehrt: Die englische Königin und der Premierminister werden genauso gehongit wie Geliebte. Zeit für eine kleine maorische – und nebenbei auch globale – Kusskunde.

Waewae
Lagoon
Piha
Piha Flat
pine
plantation
Maramara
Ridge
Flat
Otororoa
Pakipaki
Ridge
Waipata

Matau M.H
Te Whanga
upland
gully system

Eines muss man den Neuseeländern lassen: Sie haben Ausdauer, wenn es um die Romantik geht. Wie sonst könnte man sich den Ortsnamen Taumatawhakatangihangakoauauotamateaturipukakapikimaungahoronukupokaiwhenuakitanatahu ausdenken und dann auch noch so stehen lassen? Seine Bedeutung: Die Erhöhung, an der Tamatea, der Mann mit den großen Knien, der Erklimmer von Bergen, der Landverschlucker, der viel reiste, seine Nasenflöte für seinen Liebsten blies." Es gibt übrigens auch Übersetzungen, in denen der besagte Tamatea keine großen Knie, sondern einen gespaltenen Penis hat.

Dass Tamatea die Nasenflöte für seinen Liebsten spielte, mag im ersten Moment verwundern, doch ist es bei den Maori, den traditionellen Bewohnern Neuseelands, nicht unüblich, dass Männer Männer lieben und Frauen Frauen. *Takatāpui* nennen die Neuseeländer die gleichgeschlechtliche Liebe. Eine der bekanntesten neuseeländischen Liebesgeschichten ist die von Hinemoa und Tutanekai, die bereits 1913 erstmals verfilmt wurde: Die junge Hinemoa lauschte jeden Abend dem Flötenspiel Tutanekais, das er für seinen Liebsten Tiki ansetzte. Die beiden Männer wohnten auf einer Insel auf dem See Rotorua. [1] Irgendwann konnte Hinemoa nicht mehr an sich halten, baute sich eine Schwimmhilfe aus Kalebassen und durchschwamm den See. Sie wärmte sich auf der Insel in einer heißen Quelle, wo Tutanekai sie fand, ihr seinen

Mantel umlegte und sie zurück zu ihrem Dorf begleitete. Hier wurden die beiden miteinander vermählt. Und dabei werden sie sich auch endlich geküsst haben.

Der Guss einer Seele in die andere, das Pressen der Zitrone in die fade Limonade des Lebens, die Saugpumpe für Wonne und Seeligkeit, das Herabneigen des Himmels zur Erde, aber auch der labiale Muskelkrampf: Fürs Küssen gibt es die unterschiedlichsten Beschreibungen – und Techniken.[2] In Neuseeland ist Hongi die Art von Kuss, die man pflegt. Beim Hongi werden Nasen und Stirn aneinander gepresst, und während der eine ausatmet, atmet das Gegenüber ein. Durch diese intime Geste lernen sich zukünftige Partner, Vertragspartner, Nachbarn, aber auch Feinde besser kennen: „Es ist nicht einfach nur ein Ritual, sondern eine tiefe und bedeutungsschwere Art und Weise, Kontakt mit jemandem einzugehen, den man zuvor nicht kannte", so der neuseeländische Aktivist für Maori-Rechte, Tame Iti, nachdem er den Premierminister geküsst bzw. gehongit hatte. „Du hongist deinen Feind, denn es ist besser, Augenkontakt mit ihm zu haben, an ihm zu schnuppern, so lernst du viel über ihn."[3]

Dem Hongi-Kuss werden auch spirituelle Züge zugestanden – der Austausch der Seelen, das Berühren der Augenbrauen, die wie die Flügel eines Vogels das Gesicht zieren, und der Stirn, auch als Krone des Lebensbaumes bekannt und als Sitz des heilenden Auges. Beim Akt des Hongi kommt all das zusammen.

Diese zärtliche und intime Geste brachten die Maori aus Polynesien mit, von wo sie zwischen dem 8. und 14. Jahrhundert nach Neuseeland auswanderten. Sie steht im krassen Gegensatz zu den ersten Berichten von Neuseelandreisenden wie Captain

Cook oder Darwin, die das Inselreich als eine der kriegerischsten Inseln überhaupt einstuften. Cook: „Krieg ist die Hauptbeschäftigung der Neuseeländer. Die Dörfer dort sind für den Krieg entworfen, nicht für den Komfort." Oder James Alexander: „Zum täglichen Amusement der Stämme gehört es, sich gegenseitig zu bekriegen." Dass die Maori den Europäern wenig freundlich gesinnt waren, könnte damit zu tun haben, dass kurz vor Cooks Reise australische Sträflinge in Neuseeland angelegt hatten, dort Frauen geraubt und sie vergewaltigt hatten. Später lernten die Maori dann, dass Matrosen aus aller Welt gerne tätowierte Köpfe als Mitbringsel gegen Musketen eintauschten und ja, so wurden innerhalb der Stämme viele Sklaven genommen, tätowiert und geköpft. Die Nachfrage förderte das Angebot.

Doch trotz dieser unschönen Beschreibungen faszinierte der Hongi viele Forschungsreisende und tauchte damals in fast jeder ethnologischen Sammlung von Kussgewohnheiten der „Völker der Erde" auf. Es scheint ohnehin eine Zeit gewesen zu sein, in der das Küssen akribisch untersucht wurde: 1871 stellte ein Franzose eine Statistik auf, derzufolge täglich 150 Millionen Küsse auf Erden ausgetauscht wurden. Russland führt darin mit 30 Millionen, Deutschland noch vor Frankreich mit 20 Millionen und Sachsen mit sage und schreibe 1.200.000 Küssen pro Tag (allein in Dresden 90.000). Wie diese Statistik erhoben wurde, ist leider nicht mehr bekannt.

In den Expeditionstagebüchern dieser Zeit findet sich jedenfalls ein starker Fokus auf die Kussgewohnheiten der Weltbevölkerung. Afrika, so befand der unreflektierte, vom Kolonialismus geprägte Forscher E. Royston Pike, sei auch ein schwarzer Kontinent, was das Küssen beträfe. Er musste es wissen. In seinem

Buch „Savage Africa“ (1863) berichtet er von einer Liebschaft mit der Tochter eines Häuptlings. Beim Sex gab es kein Problem, doch beim Kuss rannte sie schreiend davon. Die Erklärung: Nur Schlangen würden ihre Opfer vorher belecken.

Bei den Bewohnern der Trobriand-Inseln, die heute zu Papua-Neuguinea gehören, beobachtete der Sozialanthropologe Malinowski das Abbeißen der Wimpern beim Küssen: „Ein anderer Wesenszug des Liebesspiels, für das der Durchschnittseuropäer noch weniger Verständnis haben dürfte, ist das Abbeißen der Augenwimpern.“ [4] Auch blaue Flecken und Kratzer beim amourösen Geraufe werden dort, laut Malinowski, in aller Öffentlichkeit stolz zur Schau getragen. Allerdings darf man sich fragen, wie John Honigmann (um 1950) zu seinen Ergebnissen kam. Der Mann mit dem für einen Kusskundigen schönen Namen, beobachtete die Kaska-Indianer im nördlichen Teil von British Columbia, die eine Art Hongi-Kuss gebrauchen, um sich zu begrüßen. Seine Notizen sind etwas sehr genau: „Während des Coitus, wenn Mann und Frau beide liegen, kann es vorkommen, dass ein Kuss ausgetauscht wird. Sonst kneift man sich in die Schenkel oder in die Backe, um anzuzeigen, dass man sexuelles Interesse aneinander hat.“ [5]

Der Kuss als Besiegelung eines Vertrags, wie es beim Hongi der Fall sein kann, ist auch in der westlichen Hemisphäre eine altbekannte Geste und manch Philematologe widmete sich dieser Interpretation. Die Philematologie, die Wissenschaft vom Küssen, leitet sich ab vom griechischen Wort *philein,* was so viel bedeutet wie „sich lieben“ oder schätzen, nicht unbedingt auf erotische Weise, sondern zwischen Männern, im antiken Griechenland als Preis, beim damals üblichen Trinkspiel und Liebesorakel *kottabos.* [6] Auch Plato benutzt das Wort in seiner „Republik“, um einen Kuss zu beschreiben, mit dem zwei männliche Liebhaber sich gegenseitig zu militärischen Leistungen gratulieren. Philematologen lesen also akribisch Homer, Herodot und Co., um die Ursprünge des Kusses aufzudecken. Dank dieser Studien wissen wir heute, dass die alten Griechen eine besondere Art von Kuss kannten, die sonst nirgendwo bekannt ist, den sogenannten Henkel- oder Topfkuss, der vor allem bei Mahlzeiten zelebriert wurde. Dabei wurden die Ohren des Gegenübers wie Henkel gepackt und der Kopf an die Lippen gezogen. Auch küsste man im antiken Griechenland die Sterbenden im Moment ihres letzten Atemzugs. So hoffte man etwas von der Seele des Sterbenden in sich aufnehmen zu können. Die Römer hingegen unterschieden drei Arten von Küssen: den *osculum*, ein ehrfürchtiger Kuss auf Wange oder Hand, den *basium*, ein freundschaftlicher Kuss auf die Lippen, und den *suavium*, der leidenschaftliche Kuss der Liebenden.

Päpste lassen sich von Königen küssen, der Lehenskuss bekräftigte ein Versprechen und in der Bibel küsst der Pharao Joseph, mit den Worten „mein ganzes Volk soll deinen Mund küssen" – was so viel bedeutete wie: Deine Befehle sollen geküsst, also befolgt werden.

Von den Minnesängern wissen wir, dass das Küssen zwischen Liebenden zelebriert wurde. Und ab der Renaissance schließlich wird der Kuss im Verborgenem zum Inbegriff der Romantik. Die englische Autorin und Professorin Adrianne Blue wagt sogar die These, dass ein Kuss so viel leidenschaftlicher sei als Sex, weil er ausschließlich freiwillig vergeben werden kann – von beiden Seiten.[7] Primäre Geschlechtsteile können vergewaltigt werden, der Mund aber hat Zähne, und Zähne können beißen.

Von medizinischer Seite wird der Kuss gerade spektakulär untersucht: So wissen wir nicht nur, dass bei der einfachsten Form des Küssens das Zusammenspiel von zwei Muskeln verlangt wird, während beim Zungenkuss 23 bis 34 Gesichtsmuskeln plus zusätzlich 112 körperliche Muskeln zum Einsatz kommen, sondern auch, dass Frauen beim Kuss unterbewusst erkennen können, ob der genetische Code des Mannes ihnen andere Abwehrkräfte liefert. Es ist dieses „Erkennen" des Anderen, das auch die treibende Kraft hinter dem Hongi-Kuss ist: Das Gegenüber riechen und tief im Unterbewussten abspeichern. All das mit dem Mund, dem Haupttor des Lebens: Denn Nahrung, Luft und die metaphysische Seele wandern durch diese Öffnung.

Aus dem alten Indien stammt der Ausspruch: „Jeder hat Vertrauen in den, der ähnlich duftet". Vor über 1500 Jahren wurde der Kuss in den alten vedischen Texten erwähnt – und er ist heute noch genauso aktuell wie damals. Später, im Kamasutra werden 30 Varianten des Küssens beschrieben. Die geeigneten Stellen sind Stirn, Haar, Augen, Brust des Mannes und der Frau, die Lippen, das Innere des Mundes, die Gelenke der Schenkel, die Achselhöhlen und der Nabel. Die im Sanskrit gebräuchlichen Bezeichnungen für Kuss sind *busa* oder *kus*. Beide Wörter ähneln dem deutschen Kuss und Busserl zu sehr, als dass es Zufall sein könnte. Es muss dieses Wort und die damit verbundene Geste gewesen sein, die die Indogermanen auf ihrer Völkerwanderung mit sich nahmen. Eine Methode, um – ganz egal, wo auf der Welt man sich aufhält – erfahren zu können, auf wen Verlass ist und auf wen nicht. Küssen – eines der ältesten sozialen Werkzeuge, das auf der anderen Seite der Welt, bei den Maori, zu genau diesem Zwecke angewendet wird. *Make love, not war* – küsst euch und lernt euch kennen.

Wie man Profi in Kusskunde wird

Den Weltkusstag feiern

Für den Weltkusstag am 6. Juli eine Flasche Rotwein öffnen, sich zusammen in Decken einkuscheln und die spannendsten Kussszenen der Filmgeschichte anschauen, diskutieren und nachstellen. Hier eine kleine Auswahl zur Anregung:

1. Der erste Filmkuss wurde 1896 eingefangen: Es war Thomas Edison selbst, der die kanadische Schauspielerin May Irwin dabei filmte, wie sie und ein schnauzbärtiger Mann sich Intimitäten zuflüstern und dann herzhaft küssen. Einfach auf Youtube nach dem „May Irwin Kiss" suchen und gemeinsam overvoicen.
2. Natürlich: „Vom Winde verweht"! Rhett Butler küsst endlich Scarlett O'Hara und er weiß, wie es geht – und er weiß auch, dass sie es will: „You need kissing badly. You should be kissed, and often. And by someone who knows how." Für alle Zeiten merken und in einer passenden Situation einsetzen.
3. In Hitchcocks „Weißes Gift" küssen sich Ingrid Bergman und Cary Grant, während sie über Abendessen und Abwasch plaudern. Es war 1946 und laut dem Hays Code, dem damaligen Moralkodex Hollywoods, durften sich Paare auf der Leinwand nicht länger als drei Sekunden küssen. Hitchcock umging das Gesetz und dehnte den Kuss auf drei Minuten aus: Während dieser Zeit

ist Cary Grant am Telefon, die beiden knabbern immer wieder aneinander, werden unterbrochen und machen wieder weiter. Sehr zur Nachahmung empfohlen.

4. Spiderman tut es tatsächlich: Kopfüber, im Regen, mit Maske küsst Tobey Maguire die triefende Kirsten Dunst, die in jedem Wet-T-Shirt-Contest den ersten Preis gewinnen würde. Legendär. Genau zuschauen, wie's geht, und dann ab unter die Dusche.

Diese Liste kann selbst beliebig fortgesetzt werden ...

*

Küsse zum Aufessen

Es gibt in den Küchen aller möglichen Länder Leckereien, die mindestens so süß sind wie ein Kuss – und auch so heißen: *Baci*, die knusprigweichen Nougatpralinen aus Italien. *Busserl*, hauchzarte Kokos- und Nussmakronen, die in Bayern und in Österreich gebacken werden. Die *Beijos de Coco*, zuckersüße, gekühlte Kugeln aus frischer Kokosnuss in Brasilien. Oder die eleganten *Baisers*, von denen man – trotz des französischen Namens – nicht genau weiß, woher sie stammen.

Baiser mit Himbeersahne

Zutaten (für 4 Portionen):
200 g fertige Baisers (für eilige Köche, sonst: selbst welche machen)
500 g Tiefkühl-Himbeeren
500 ml Schlagsahne
Optional: 4 cl Himbeergeist

Die Sahne ohne Zucker (die Baisers sind bereits süß genug) nicht ganz steif schlagen. Die Hälfte der Baisers grob in eine Glasschüssel krümeln. Darauf die Hälfte der gefrorenen Himbeeren verteilen und mit der Hälfte des Alkohols beträufeln. Darüber die Hälfte der Schlagsahne verteilen. Die restlichen Zutaten werden ebenso geschichtet.
Nun das Ganze im Kühlschrank 2 Stunden durchziehen lassen. Die Himbeeren tauen im Kühlschrank langsam auf. Der Himbeersaft und der Alkohol tränken die Baisers, die Sahne hingegen nimmt die Kälte auf und gefriert leicht an. Das Ganze erinnert an ein süßes, fruchtiges Halbgefrorenes.

I+C

Die Liebe öffentlich machen

BEZIEHUNGSSTATUS AUF FACEBOOK, INTERNET

Irgendein Finger ist immer im Spiel: Während man früher der Geliebten feierlich einen Verlobungsring an den Finger steckte, ist es heute nur noch ein Wink mit dem Finger: die 30-Grad-Beugung, die es braucht, um per Tastendruck auf Facebook anzugeben „Bin in einer Beziehung". Und sofort wissen es alle. Dank dieser kleinen, aber ganz und gar nicht unwichtigen Bewegung, so fanden Soziologen heraus, steigt das gefühlte Beziehungsglück des weiblichen Partners.

Im antiken Griechenland ritzte man Zeichen in die Bäume, um sein Territorium zu markieren, aber auch um seiner Liebe Ausdruck zu geben. Irgendwie hängt beides miteinander zusammen. Es gibt heute natürlich keinen Baum mehr, der aus dieser Zeit stammt und auf dessen Stamm man noch die Einkerbung eines Namens fände, doch zeugen unzählige Gedichte von dieser Sitte und auch Aristoteles bestätigt: Es war ein eindeutiger Brauch von Liebhabern, den Namen ihres Objekts (der Liebe an Wände oder) auf die Stämme von Bäumen zu schreiben. [1]

Das hat eine besondere Bewandtnis: So wie der Baum grünte und blühte, hofften die verliebten Männer, würde auch ihre Liebe wachsen. Und zudem hatte der Brauch pseudomagische Qualitäten: den Namen eines Menschen aufzuschreiben, auf etwas Lebendigem, sollte helfen, aus einem Wunsch Wirklichkeit werden zu lassen. Der römische Dichter Florus in einem Briefwechsel mit Kaiser Hadrian: „Wenn ich neue Apfel- oder Birnbäume pflanzte, so ritzte ich in die Rinde den Namen meiner Begierde. Doch führt dies weder zu einem Ende noch zu einer Erleichterung meiner Lust, der Baum wächst, das Begehren leuchtet, und Geist erfüllt die Zeichen.“ [2]

Der Brauch, Namen in Bäume einzuritzen, ist auch heute noch so lebendig, dass die deutsche Forstwirtschaft alljährlich zum Valentinstag einen Rundbrief verfasst, in dem dazu aufgerufen wird, dass Verliebte bitte nicht mehr ihre Namen im Wald hinterlassen sollen. Ein Picknick unter Blättern? Ja! Heiratsantrag unter Bäumen? Ja doch! Aber die Finger von der Baumrinde lassen! Gefühle kann man auch anders ausdrücken, so die Forstwirtschaft. Doch die Vorstellung, nach Jahren wieder alleine oder zusammen zu dem Baum zu pilgern, um das eingeritzte Herz zu finden, ist einfach zu romantisch. Wirklich öffentlich wird die Beziehung durch die Spur im Baum noch nicht, in diesem Stadium wissen nur die beiden Partner von ihrem Glück – und der Förster.

Nachhaltiger verhält es sich mit der Bräutigamseiche von Eutin, Schleswig-Holstein. Dieser Baum dient dem Austausch von Liebeskorrespondenz. Eines seiner Astlöcher dient als Briefkasten, in den traditionell Liebesbriefe gesteckt werden – in der Hoffnung, dass diese den Adressaten erreichen, und sei es auch nur „energetisch". Denn jeder darf in das Astloch greifen und die Briefe herausfischen. Offenbar hat der 500 Jahre alte Baum auch magische Kräfte: Wenn ein Mädchen bei Vollmondschein schweigend und ohne zu lachen dreimal um ihn herumgeht und dabei an den Geliebten denkt, wird sie ihn binnen eines Jahres heiraten. Das scheint so gut zu funktionieren, dass die Bräutigamseiche eine eigene Postanschrift erhielt und heute sogar Post aus so fernen Ländern wie der Mongolei und Taiwan erhält. Wie sehr der Baum die Eutiner selbst in Liebesdingen inspiriert, machten sie vor einigen Jahren klar: Da verheirateten sie ihn kurzerhand mit dem einzigen anderen Baum Deutschlands, der auch eine Postanschrift trägt, der Düsseldorfer Himmelgeister Kastanie.

Anscheinend wählen Menschen gerne einen öffentlichen Ort, um Liebesbriefe und -botschaften auszutauschen. Darin offenbart sich vielleicht das Bedürfnis, dabei beobachtet zu werden und als jemand wahrgenommen zu werden, der romantische Ambitionen mit sich trägt. Wie sonst soll man sich ein Phänomen wie den *Spoofer's Stone* der Universität in Arkansas erklären? Dieser Kalkstein, der nach dem Bau des Hauptgebäudes 1872 mitten auf dem Campus liegen blieb, von den Handwerkern vergessen, ist seitdem aus dem Liebesleben an der Uni nicht wegzudenken. Früher, als sie noch nach Geschlechtern getrennt unterrichtet wurden, nutzten die Studenten seine Löcher und Ritzen zum Austausch geheimer Liebesbriefe, heute machen sie sich ihre Heiratsanträge darauf. Man darf gerne dabei beobachtet werden.

Ebenfalls aus dem akademischen Umfeld stammen die Liebesschlösser, die als öffentlicher Ausdruck der Liebe an den Brücken der Welt angebracht werden – und an diesen hängen wie Eiterpickel an Teenagern. Zu bewundern ist dieser Brauch in den üblichen verdächtigen Hauptstädten der Liebe wie Paris und Venedig, aber auch in Köln oder Moskau. Erfunden haben ihn angeblich die Absolventen der Sanitätsakademie San Giorgio in Florenz, die ihre Spindschlösser nach bestandenem Studium an der nahen Brücke aufhängten und die Schlüssel ins Wasser schmissen – als Symbol der wiedergewonnenen Freiheit. Heute sind es Liebespaare, die ihre Liebe „für immer" an das Geländer ketten und die Schlüssel in die tiefen Fluten werfen.

Die Schlösser verziert man selbst, wie die Bäume, mit den eigenen Initialen, man kann sie mittlerweile aber auch im Internet bestellen, schon fertig mit Gravur. Seit allerdings ein Geländerteil der Pont des Arts in Paris unter dem Gewicht der tonnenschweren Schlösser zusammenbrach, wird der Brauch an vielen Orten mit einem Bußgeld belegt: 35 Euro in Berlin und bis zu 3000 Euro in Venedig.

Die öffentliche Kommunikation von Liebenden oder Liebesuchenden muss sich nicht immer statisch ausdrücken, wie bei Bäumen oder Schlössern, sondern es kann auch aktiv damit gespielt werden. Auf dem Oktoberfest in München beispielsweise wissen Dirndl-Trägerinnen sehr genau, wo sie ihre Schleife tragen und was sie damit kommunizieren. Schleife links – Flirten erlaubt, noch zu haben; Schleife rechts – vergeben, nicht flirten; Schleife mittig vorne – noch Jungfrau; Schleife mittig hinten – Witwe oder Kellnerin. Noch komplexer war die mysteriöse Fächersprache, die an den Höfen des 18. Jahrhunderts gepflegt wurde: Je nachdem, wie eine Frau ihren Fächer bei Blickkontakt hielt, konnte sie damit fast alles über sich und ihre geheimen Wünsche preisgeben – ja, sogar die Uhrzeit für ein romantisches Tête-à-Tête vereinbaren.

Von der Schleife zum Zeichen der Bindung: Soziologen sprechen von sogenannten *tie signs*, mit denen Menschen ihre Liebe öffentlich machen.[3] Es sind Taten, Objekte oder Ausdrücke, die auch über die Art der Beziehung Auskunft geben. Die Namen oder Initiale gegenseitig in einen Baum ritzen, das tun eher frisch Verliebte als lang Verheiratete. Eines der ältesten *tie signs* ist der Verlobungsring, der bereits bei den Römern am linken Ringfinger getragen wurde. Grund dafür war die antike Idee der *vena amoris*, die Liebesader, von der man annahm, dass sie direkt vom Herzen in diesen Finger führte.

Als modernes *tie sign* wird heute der Facebook-Beziehungsstatus gewertet. Jeder kann hier angeben, welchen Status er hält: Single, in einer Beziehung, verlobt, verheiratet, in einer eingetragenen Lebenspartnerschaft, in einer Lebensgemeinschaft, in einer offenen Beziehung, es ist kompliziert, getrennt, geschieden, verwitwet.

Tatsächlich fühlen sich, laut einer Studie des Trinity College in Dublin, Frauen glücklicher in ihrer Beziehung, wenn sie im Beziehungsstatus ihres Partners auf Facebook namentlich genannt sind. So eine Angabe kann die Liebe eines Paares auch emotional beschleunigen. Manche sehen es sogar als doppelten Boden: Wer der Verlobung, die natürlich „offline" stattfindet, nicht traut, ist spätestens angesichts des Eintrags im sozialen Netzwerk beruhigt und fühlt sich der Liebe des Partners sicher. Wie wichtig der Beziehungsstatus auf Facebook für viele geworden ist, bewies eine Geschichte, die vor ein paar Jahren durch alle Medien ging, als ein Bräutigam während der Zeremonie am Altar sein Handy zückte und seinen Beziehungsstatus änderte – noch bevor er seine Angetraute küsste.

Und so werden über soziale Netzwerkseiten Beziehungen nicht nur bekannt gegeben, sondern auch intensiviert. Um beispielsweise ihr Territorium abzustecken, benutzen Paare Insider-Jokes, die nur sie verstehen, oder hinterlassen sich Liebesbotschaften auf ihren Pinnwänden. Andere posten hinterlistig verliebte Bilder von sich auf den Seiten der Freunde, von denen sie wissen, dass diese Facebook-Kontakt mit ihrem Ex haben, kündigen die Freundschaft von Expartnern oder benutzen die Timeline-Funktion, um zu sehen, wie sich ihre Beziehung im Laufe der Zeit entwickelt hat. Und wie sie sich entwickelt hat: Viele der von den Soziologen Befragten gaben zu, ein romantisches Bild von sich für die anderen entworfen zu haben. Eine Selbstdarstellung der Liebe.

Allerdings warnen Soziologen auch davor, dass es in den sozialen Medien zu einem *context collapse* kommen kann: Während wir im normalen sozialen Umfeld enge Beziehungen zu ein paar Menschen haben und nicht so enge, aber dennoch wichtige Beziehungen zu anderen, ist auf Facebook alles ein großes Knäuel. Da sind Arbeitskollegen, Familie, Expartner, alte Schulfreunde und Freunde von Freunden – und jeder bekommt alles mit. Und sich für jede dieser Gruppen perfekt darzustellen, scheitere zwangsläufig – und führt öfter, als man glaubt, zu Verstimmungen beim Partner.[4] In England werden bereits in einem Viertel der Scheidungsanträge Facebook als einer der Gründe angegeben.

Außerdem schürt Facebook die Eifersucht, den Schatten der Liebe: Je mehr Zeit man dort verbringt, desto größer die Wahrscheinlichkeit, eifersüchtig zu werden. 90 Prozent der Menschen kennen nicht alle Facebook-Freunde des Partners. Wer da lange sucht, wird auch etwas finden. So gaben manche Befragte an, in der Timeline ihrer Partner so tief gegraben zu haben, bis sie zwangsläufig auf etwas stießen, das ihnen ein schlechtes Gefühl gab. Ein Name, eine Botschaft – und im Kopf ganz großes Theater.

Das allerdings ist nicht erst heute so. Im Renaissance-Epos vom „Rasenden Roland"[5] wird der Protagonist, ein Hirte, wahnsinnig vor Eifersucht, weil er den Namen seiner Angebetenen, Angelika, und den eines anderen Mannes, Medor, in allen Bäumen eingeritzt zu sehen glaubt:

„Angelika, Medor, vielfach verschlungen
Erblickt er da und dort, rings um den Fluss.
Von so viel Nägeln wird sein Herz durchdrungen,
Wie er der Lettern wahrnimmt mit Verdruss."

Damit solch Verdruss heute im Facebook-Freundes-Wald nicht aufkommt, rufen Experten Paare dazu auf, sich ihre jeweiligen Facebook-Strategien bei einer warmen Tasse Tee offline zu erläutern.

Wie man selbst die Liebe in die Welt hinausschicken kann

Liebesbriefe schreiben

Jeder kann an die Bräutigamseiche in Eutin oder die Himmelgeister Kastanie bei Düsseldorf schreiben. Beide haben ja eine Postadresse (siehe nebenan). Warum also nicht einen Liebesbrief dorthin schicken und sehen, was passiert? Die Bräutigamseiche ist ein sogenannter „toter Briefkasten". Da an diesem besonderen Briefkasten das Postgeheimnis nicht gilt, darf jeder in das Astloch, in dem die Briefe liegen, hineingreifen und sich einen Brief herausholen. Wer gerne Schicksal spielen mag, wird dann den Brief weiter verschicken, falls eine Adresse oder Anweisung darauf steht. Der Briefkasten der Himmelgeister Kastanie wird auf jeden Fall geleert – vom Baumgeist Jüchtwind, hinter dem sich der Freundeskreis der Himmelgeister Kastanie verbirgt. Wer also eine 100-prozentige Antwort will, besser an diesen Baum wenden. Doch wie schreibt man einen Liebesbrief? Vielleicht eine gute Gelegenheit, mal wieder die „Herzstiche" von Cyrano de Bergerac zu lesen und sich inspirieren zu lassen: Der unansehnliche Franzose mit der langen Nase schrieb die bezauberndsten Liebesbriefe der Welt. Aus seiner Feder stammen wunderbare Liebeserklärungen wie diese: „Diese unvorhersehbare Bekanntschaft folgt aus der Ordnung, die die Harmonie des Weltalls bildet. Es war eine vorhergeplante Notwendigkeit am Tag der Erschaffung der Welt, dass ich Sie sah, kennenlernte und liebte." Wer da nicht weich wird, hat kein Herz.

Bräutigamseiche	*Himmelgeister Kastanie*
Dodauer Forst	*Kölner Weg*
23701 Eutin	*40589 Düsseldorf*

*

Die perfekte Verbindung von Bräutigamseiche und Himmelgeister Kastanie

Eichblattsalat mit Maronen

Auch wenn der deutsche Entertainer und Sänger Friedrich Liechtenstein meint, die Zeit der Eiche sei vorbei, das System „Alge" sei nachhaltiger, intelligenter, vernetzter und daher zukunftsfähiger – in Liebesdingen ist das Bildnis vom starken Eichenbaum kein falsches. In diesem Gericht verschmelzen Eichblattsalat und geröstete Kastanien auf so hinreißende Art und Weise, dass kein anderer Liebesbeweis mehr vonnöten ist.

Zutaten (für 4 Portionen):
1 großer Eichblattsalat
½ Radicchio
100 g Zucker
200 g Maronen
1 Birne
250 g Ricotta
3 EL Walnussöl
50 ml Zitronensaft
½ TL Zucker
Salz und Pfeffer

Salate putzen, Radicchio in feine Streifen schneiden. Den Zucker im Topf schmelzen und goldbraun anlaufen lassen, Maronen dazugeben, durchschwenken und karamellisieren lassen. Anschließend auf ein Backpapier zum Auskühlen geben. Eichblattsalat und Radicchio auf einer Platte anrichten, die Birne in Spalten schneiden und auf dem Salat drapieren. Aus Salz, Pfeffer, Zucker, Zitronensaft und Walnussöl ein Dressing mischen und über den Salat träufeln. Ricotta in kleinen Stückchen auf den Salat geben. Zuletzt die Maronen grob hacken und über den Salat streuen und servieren.

Die Liebe stehlen

BRAUTRAUB, KIRGISISTAN

Ein Date ausmachen, zusammen ins Kino gehen, in einem teuren französischen Restaurant essen: Diesen ganzen Schnörkel kann man sich sparen. Warum nicht einfach das Mädchen, das man gut findet, rauben? Man kennt das aus der klassischen Literatur: Paris schnappte sich einst die schöne Helena, Peer Gynt tat's und auch in Andersens Märchen vom Feuerzeug raubt der Soldat jede Nacht die Prinzessin. In Kirgisistan findet dieser Brauch heute noch statt.

Die internationale Schule für Management und Business in Bischkek, der Hauptstadt Kirgisistans, publizierte 1995 zusammen mit dem UN-Entwicklungsprogramm ein Pamphlet über Kirgisistan und den dort noch heute praktizierten Brautraub. Der Text, der eine typisch kirgisische Ehe durch Brautraub beschreibt, endet mit folgenden Worten:

„Nach einiger Zeit verliebte sie sich auch in ihn. Heute haben sie vier Kinder. Sie leben glücklich und zufrieden seit mehr als 20 Jahren und streiten sich nie. Sie respektieren einander und das ist sehr wichtig ... Durch die älteren Generationen haben wir gelernt, wie dauerhaft Ehen sind, die auf diesen Brauch aufbauen. Unsere Regierung verbietet den Brautraub. Dennoch wird er hier gepflegt. Kirgisistan ist ein Land voller Überraschungen.“[1]

Brautraub, auf Kirgisisch *ala kachuu*, was so viel bedeutet wie: „ein Mädchen schnappen und wegrennen“. Im Klartext bedeutet das: Ein Mann sieht eine Frau, sie gefällt ihm, also entführt er sie mit seinen Freunden. Sie darf ihre Familie erst wiedersehen, wenn sie der Heirat zustimmt. In Kirgisistan, dem Land voller Überraschungen, ist laut der Zeitschrift *Stern* jede vierte Braut von ihrem Mann entführt worden. Eine gängige Praxis also. Es gibt wenige Informationen über Kirgisien, Kirgistan oder Kirgisistan, ein Land, über dessen Namen man sich im Deutschen noch nicht einmal einig ist. Das letzte Mal wurde es in den Medien 2013 flächendeckend erwähnt, als die Pest dort ausbrach, und dann noch einmal im Frühjahr 2014: Das vermisste malaysische Flugzeug mit der Flugnummer MH 370 hätte es nach Bischkek schaffen können. Bischkek liegt unterhalb jeden Radars. Bischkek, das ist das gefühlte Ende der Welt.

Tatsächlich ist Kirgisistan aber eine ehemalige Sowjetrepublik in Zentralasien, die von den Kirgisen bewohnt wird, einem Nomadenvolk. Diesen Lebensstil spiegelt auch die Nationalflagge wieder: Darauf abgebildet ist das Gestänge einer Jurte, um das sich die Völker Kirgisistans sammeln. Von den wilden Männern Dschinghis Khans, die einst in diesen Teil der Welt einfielen, hätte man den Brautraub ja erwartet. Tatsächlich aber war er im Zarenreich und in der Sowjetunion verboten und gilt erst seit dem Ende der Sowjetzeit wieder als eine der gängigen Praktiken, um die Frau fürs Leben zu gewinnen.

Es kann eine Frau überall treffen: sei es auf dem Weg zum Brunnen, ins Kino oder zur Universität. Für Frauen in Kirgisistan ist der Brautraub so gegenwärtig, dass viele ihn als ganz normalen Weg des Zusammenfindens wahrnehmen. Dass oft enge Freunde als Komplizen fungieren, macht die Sache noch komplizierter. So kann es zum Beispiel sein, dass die beste Freundin des Mädchens den Männern Bescheid gibt, wann diese das Haus verlassen wird. Oder dass eine Studentin von ihrem Exfreund eingeladen wird, mit ihm im Taxi zur Universität zu fahren. Das Taxi hält dann aber an jeder Straßenecke und nimmt weitere Männer auf – die besten Freunde des Mannes. Was zuerst zufällig erscheint, entpuppt sich als Entführungsszenario: Alle helfen mit, die Studentin ins Haus des Ex zu schaffen.

In den meisten Fällen läuft das Ganze jedoch folgendermaßen ab: Der Mann fährt zum Haus der Zukünftigen. Unter irgendeinem Vorwand wird sie nach draußen gelockt und ins Auto gezerrt. Entführungshelfer müssen zugegen sein, sie sind die Aufpasser, die dafür bürgen, dass der Mann die Situation nicht ausnutzt und sich schon vor der Hochzeit über die Frau hermacht. Wo käme man da hin! Es soll in manchen Fällen dennoch vorgekommen sein, doch ist es, zumindest in Kirgisistan, nicht die Regel.

Im Haus des Bräutigams wird die Entführte von der Schwiegermutter und ihren zukünftigen Schwägerinnen in Empfang genommen. Während sie sich wehrt, versuchen die anderen Frauen, sie zu beruhigen. Oft werden Bannzauber ausgesprochen oder Flüche angedroht. Trotz islamischer Konfession und jahrzehntelanger sowjetischer Herrschaft glaubt man in Kirgisistan nämlich weiterhin an schamanische Kräfte, Geister und Zauber. Und so gibt es ziemlich sonderbare Wege, um die Entführte an der Flucht zu hindern: Die zukünftige Schwiegermutter kann sich zum Beispiel einfach auf der Türschwelle niederlegen. Nie würde ein kirgisisches Mädchen über die Schwiegermutter steigen, bedeutet das doch großes Unglück. Aber auch Brot und Salz auf der Schwelle tun ihre Wirkung – diese zu übertreten gilt nämlich als nicht minder schlimm.

Im Grunde stehen der Familie des Entführers nicht viele Mittel zur Verfügung, das Mädchen daran zu hindern abzuhauen. Gewalt darf offiziell nicht angewandt werden, das ist verpönt. Aber Überredungskünste und Beharrlichkeit führen in den meisten Fällen doch ans Ziel: Die Frauen aus dem Haushalt des Entführers sind in der Überzahl und haben sich mental schon tagelang auf das Ritual vorbereiten, es gemeinsam planen und absprechen können. Als eingeschworene Gruppe sind sie entschlossener als die Entführte, für die das Ganze als natürliche Entwicklung ihres Lebens dargestellt wird – und vielleicht sieht sie das sogar selbst so, denn sie kennt ja viele entführte und dann verheiratete Frauen in ihrem Umfeld, möglicherweise sogar in der eigenen Familie.

Russ Kleinbach, amerikanischer Soziologe und Autor einer bedeutenden Studie zum Brautraub[2], interviewte zum Beispiel eine Frau, die mit Billigung und Unterstützung ihrer Schwester geraubt wurde: „Der Mann bat die Frau um ihre Hand. Da sie schüchtern war, gab sie an, sich das noch etwas überlegen zu müssen. Ihre Familie hatte nichts gegen den Mann einzuwenden. Während das Mädchen noch darüber nachdachte, ob sie ihn heiraten wolle, suchte ihre Schwester den Mann auf und verriet ihm die Adresse des Arbeitsplatzes seiner Angebeteten. Es war eine direkte Andeutung dahingehend, dass er sie rauben solle. Das tat der Mann dann auch und die beiden sind heute verheiratet."

So brutal es für uns klingen mag, wenn man in einer Welt aufwächst, in der Brautraub als normal gelebt wird, gibt es nicht viele Gründe, sich dagegen aufzulehnen. In den Untersuchungen des Phänomens wird allerdings darauf hingewiesen, dass Brautraub häufiger in ungebildeten Familien auftritt. In Familien, in denen Frauen Bildung zugestanden wird, lehnen Frauen, auch wenn sie geraubt werden, häufig ihren Mann ab. Und das wird dann auch akzeptiert. Im Normalfall ist es aber so: Hat das junge Mädchen ihren Widerstand aufgegeben – was Tage dauern kann –, wird ihr der weiße Brautschal über den Kopf gelegt. Dann wird ein Schaf geschlachtet und damit die Familie des Mädchens aufgesucht. Diese kann der Heirat nur noch zustimmen. Der Termin mit dem Imam wird vereinbart und schließlich sitzen bei einem opulenten Hochzeitsessen beide Familien beisammen, um auf das Glück der Kinder anzustoßen. Wahrscheinlich ist dies der emotionale Tiefpunkt der Ehe – es kann von jetzt an nur noch besser werden!

Wie kann es sein, dass so etwas heute noch stattfindet? Nathan Light, Fellow am Max-Planck-Institut für ethnologische Forschung in Halle, hat knapp 300 kirgisische Frauen und Männer zum Wandel von Verwandtschaftsbeziehungen befragt.[3] Er erklärt den Brautraub als ein Ritual, das nach dem Ende der Sowjetunion wieder auflebte: Unter dem kommunistischen Regime durften Rituale und Feste, die traditionell Verwandtschaftsbeziehungen und den Austausch von Eigentum regelten, nicht mehr gefeiert werden – auch wenn die Heirat zweier Menschen die wichtigste Möglichkeit war, Clan-Zusammengehörigkeiten zu entwickeln. Wo in der vorsowjetischen Zeit eine Heirat von den Eltern zwangsarrangiert war – man heiratete ja nicht nur einen Ehemann, sondern einen ganzen Clan –, war dies plötzlich verboten.

Warum nun in dem ideologischen Vakuum, das nach der Auflösung des Sowjetsystems entstand, der Brautraub anstelle der zuvor vorherrschenden arrangierten Hochzeit wieder auflebte, das versuchen verschiedene Ethnologen herauszufinden. Die bislang einleuchtendste Erklärung ist, dass durch die Idealisierung des einst traditionellen Nomadenlebens die Machokultur mit all ihren Folgen wieder einen Aufschwung erlebt: der Brautraub als Element einer männlich dominierten Gesellschaft, in der Frauen kein Mitspracherecht haben. Offiziell wurde der Brautraub in Kirgisistan 2013 zwar gesetzlich verboten. Doch wo kein Kläger, da kein Richter.

Nur ein einziges Szenario macht den Brautraub auch für uns nachvollziehbar: Ganz wie bei „Romeo und Julia“ kann es auch in Kirgisistan vorkommen, dass sich ein Paar liebt, obwohl die Familien, aus welchen Gründen auch immer, die Heirat ablehnen. Hier kann der Brautraub zum letzten Mittel werden, die beiden Liebenden doch zu vereinigen. Die Braut lässt sich pro forma rauben und beide erhalten dadurch die Legitimation zur Heirat. Dies geschah auch in der vorkommunistischen Zeit, wenn sich Paare liebten, die Eltern aber bereits eine Ehe arrangiert hatten. Lebte die Frau erst einmal für einige Tage bei ihrem Mann, konnte keiner sie aus dieser Situation wieder herausholen.

Doch egal, aus welchen Gründen die Entführung angezettelt wird: Von der Frau wird erwartet, dass sie sich sträubt und wehrt, weint und lamentiert. Denn ist sie willig, könnte etwas nicht mit ihr stimmen, könnte sie eine schlechte Partie sein.

Die Kirgisen selbst begründen die Tradition des Brautraubs damit, dass schon im alten „Manas-Epos“, so etwas wie die Bibel Kirgisistans und das längste Gedicht der Welt, Ehen auf diese Weise vollzogen wurden. Allerdings findet sich selbst bei penibler Suche darin keine Zeile, die vom Brautraub zeugt. Da müsste man schon auf die echte Bibel ausweichen: Darin findet man im „Buch der Richter“ die Geschichte vom Überfall des Stammes Benjamin auf die jungfräulichen Töchter Silos. Die wurden geraubt und verheiratet – und keiner fragte sie, was sie dabei fühlten.

Wie man dem Brautraub seinen Schrecken nehmen kann

Den Brautraub umkehren

In unserer Kultur gibt es die Tradition des Brautraubs zum Glück nur in ihrer harmlosen Variante – als Einlage bei Hochzeitsfeiern. Während zu später Stunde alle auf dem Hochzeitsfest tanzen und trinken, oder eher: trinken und tanzen, wird die Braut von den Freunden des Bräutigams entführt. Aber warum den Brauch nicht einfach umdrehen: Nicht die Braut wird geraubt, sondern der Bräutigam! Nach Mitternacht soll der beste Freund des Mannes ihn vom Fest weglocken: Gemeinsam noch einmal unter freiem Himmel anstoßen, auf die wilden Zeiten, die nun vorbei sind. Doch: Sie sind nicht allein! Draußen warten bereits einige eingeweihte Freundinnen und Verwandte der Braut mit schwarzen Sonnenbrillen und hochgestellten Mantelkrägen. Sie haben mehrere Taxis gerufen, in eines wird der Bräutigam geschubst und in Kolonne zur nächsten Dorfkneipe gefahren. Er darf nur eine SMS an seine Liebste schicken. In der Kneipe wird gemeinsam Musik gemacht: entweder Karaoke oder mit Gitarre. Man hat sich vorher erkundigt, welches Lied die beiden verbindet. Dieses wird einstudiert, bis die Braut eintrifft: Dann muss ihr Mann ihr ein Ständchen singen und kann dies von nun an immer tun, wenn die Ehe mal wieder geölt werden muss.

Rezepte für ein kirgisisches Fest

Tschak-Tschak – Kirgisische Honignudeln

Tschak-Tschak ist eine Süßspeise, bei deren Verzehr Fummelspaß und klebrige Finger garantiert sind.

Zutaten:
Für den Teig:
5 Eier
1 EL Milch
2 EL Wodka
½ TL Natron
½ TL Salz, Mehl (so viel, bis ein fester Teig entsteht)
Öl zum Fritieren

Für den Guss:
1 ½ Tassen Honig
1 Tasse Zucker
Nüsse (nach Wunsch)

Alle Zutaten für den Teig vermischen. Der Wodka ist wichtig, damit der Teig später während des Ausbackens fluffig wird. Den fertigen Teig 20 Minuten unter einem Handtuch ruhen lassen. Nun den Teig dünn ausrollen und kleine rechteckige Nudeln schneiden (ca. 0,5 x 4 cm). Die Nudeln goldgelb frittieren und dann abkühlen lassen. In der Zwischenzeit den Honig mit dem Zucker 5 Minuten leicht köcheln lassen. Einen Teil der Nudeln in eine Schüssel legen. Einige Löffel Honig darauf verteilen. Einige Nüsse darauf geben. Nun alles vermischen. Am besten mit den Händen (aber Vorsicht: heiß!). Nun einen weiteren Teil der Nudeln dazugeben und wieder mit Honig begießen, mischen. Fortfahren, bis alles aufgebraucht ist. Auf einem Teller kuppelförmig anrichten und fest werden lassen.

Kirgisischer Festtagstee

Zutaten:
³/₄ l Wasser
5 TL schwarzer Tee
100 ml Orangensaft
50 ml Zitronensaft
5 Nelken
½ Stange Zimt
½ Orange, Schale als Spirale abgeschält

Wasser mit Zimt, Nelken und Orangenschale aufkochen, vom Herd nehmen und 10 Minuten ziehen lassen. Dann das Gewürzwasser nochmals zum Kochen bringen. Die Teeblätter in eine Kanne geben, mit dem kochendem Gewürzwasser übergießen, Zitronen- und Orangensaft hinzufügen und alles 3 Minuten ziehen lassen. Den Tee abseihen und mit Zucker und den Honignudeln, nach Belieben auch mit frischen Früchten servieren.

Die Liebe aushalten

ENYANGI-ZEREMONIE, KENIA

Will man die Liebe zu einem Menschen erhalten, muss man was aushalten können. Je strapazierfähiger die Liebe, desto glücklicher das Ergebnis. Dabei gilt es, nicht nur die Macken und Marotten des Partners zu ertragen, sondern auch die üblichen verdächtigen Widrigkeiten aus der nahen Umgebung. Bei den AbaGusii in Kenia werden Braut und Bräutigam bei der Hochzeit drei Tage lang beleidigt, erniedrigt und geärgert. Nach dieser harten Prüfung sind sie bereit für alles. Vielleicht auch für die Liebe.

MOROTO
VICTORIA

GUDUD
BUNA
WAJIR
PROVINCE
HABASWEIN
MUDDO GASHI
GARBA TULA
SAKA
Mumoni
NDEYINI
BURA
HOLA

Es ist nicht unüblich, Braut und Bräutigam vor der Hochzeit zu prüfen. In der westlichen Welt läuft das auf die große, in aller Öffentlichkeit gestellte Frage hinaus: „Willst du diese/n Frau/Mann zu deiner/m Ehefrau/mann nehmen?“ Wer da nicht mit voller Überzeugung „Ja, ich will!“ antworten kann, braucht den Weg zum Standesamt erst gar nicht wagen. Das ist recht zahm – es geht auch ganz anders.

Als Teil der Hochzeitszeremonie in abgelegenen Gegenden Schottlands gibt es die Tradition des „Anschwärzens“, auf Gälisch *reschtach*. Dabei wird die Braut wenige Tage vor der Hochzeit von Freunden, Kollegen oder Verwandten entführt und mit allem erdenklich Schrecklichen und Ekligen besudelt: mit faulen Eiern, alter Fischsoße – am besten noch mit Kopf und Gräten –, klebriger Molasse, vergorener Milch oder anderem fauligen Zeug. Je ranziger, desto besser. Mal werden die Opfer dann so durchs Dorf kutschiert, mal einfach an einen Baum gebunden – Hauptsache ist, dass es öffentlich zugeht. Auf den Orkney-Inseln geschieht dasselbe nur mit dem Bräutigam, und in anderen Gegenden werden gleich beide so misshandelt. Verheiratete, die dieses Ritual über sich haben ergehen lassen, beteuern, dass das kein schlechter Start in die Ehe gewesen sei: So vor sich hin stinkend und gedemütigt wurden sie irgendwann alleine gelassen und konnten sich gegenseitig versichern, dass nach dieser Tortur alles Weitere zum Aushalten sei. Man sei für die täglichen Schwierigkeiten und Erniedrigungen, die das Eheleben mit sich bringe, bestens gerüstet.

Auch auf der anderen Hälfte der Erdkugel, in Westkenia, gibt es einen Brauch, der die Fähigkeit eines angehenden Ehepaares, Widerwärtigkeiten zu ertragen, auf sehr komplexe Weise und auf alle erdenklichen Eventualitäten hin prüft: Die AbaGusii, die vor knapp 500 Jahren aus umliegenden Regionen nach Kenia migrierten, sind heute eine der kinderreichsten und ökonomisch erfolgreichsten Ethnien Kenias. Hochzeiten, *enyangi*, werden von den Eltern arrangiert und sind für alle Angehörigen eine hochemotionale Sache. Das lässt sich natürlich über jede Hochzeit sagen, doch hier gilt es auf ganz spezielle Weise: Sowohl die Familie der Braut als auch die des Bräutigams versuchen während der drei Tage dauernden Zeremonie, die Eheschließung zu verhindern. Es kommt nicht selten vor, dass die Familien dabei so erfolgreich sind, dass die Heirat nicht vollzogen werden kann.

Der britische Anthropologe Philip Mayer[1] berichtete 1950 in einem Vortrag vor dem Royal Anthropological Institute of Great Britain and Ireland über seine Erfahrungen mit den *enyangi*, den traditionellen Hochzeitsbräuchen der AbaGusii. Die Probleme begannen schon vor der ersten Zeremonie: Die Braut verlangte als Opfergabe einen Ziegenbock, den der Bräutigam alsgleich zu besorgen versuchte, im Tausch gegen andere Waren. Doch er hatte keinen Erfolg: Es hatte sich im Dorf herumgesprochen, dass er den Bock für seine Hochzeit benötigte, und keiner wollte ihm einen aushändigen – aus dem einfachen Grund, ihm die Hochzeit vermasseln zu wollen.

So erschien er nur mit einer Ziege, woraufhin seine Zukünftige sich weigerte, sich für das Hochzeitsritual vorzubereiten. Sie zögerte das Einkleiden in das zeremonielle Gewand hinaus, später, als sie von ihren Eltern endlich dazu überredet werden konnte, ließ sie sich mit dem Anhübschen Zeit. Stunden verstrichen, während derer die Verwandtschaft des Bräutigams untätig und übel gelaunt im Haus der Brauteltern wartete. Als Nächstes musste die Braut dem Bräutigam symbolisch ihre Liebe zeigen. Dazu sollte sie aus dem Wohnzimmer heraus in den Raum mit den wartenden Verwandten schreiten und dort ihrem Zukünftigen einen Kürbis überreichen. Er würde ihr dann eine Portion Getreidebrei in die Hand legen. Es wäre aber zu einfach gewesen, wenn die junge Frau genau das getan hätte. Wieder sperrte sie sich und wieder verstrich Zeit, in der selbst der Zeremonienmeister nicht weiterwusste. Nur das theatralische Flehen ihres Vaters bewegte sie letztendlich dazu, den Kürbis herzugeben und den Brei anzunehmen. Danach wurde fröhlich gefeiert, doch als es bei Anbruch des Morgens darum ging, die Heiratstasse zu küssen, die durch jede Hand gewandert war, nahm sie diese erst an, als der Bräutigam persönlich sie ihr überreichte. Die Gesellschaft raunte sich daraufhin wohlwollend zu: „Sie muss ihn ja sehr lieben."

Bei Sonnenuntergang des nächsten Tages sollte die Zeremonie weitergeführt werden. Auch diesmal wurde der Bräutigam samt Entourage im Haus der Braut erwartet. Er ließ sich offenbar Zeit, denn es wurde 23 Uhr, als er endlich eintraf und dort auf die Freunde des Mädchens stieß, die ihm bereits vor dem Haus auflauerten und gleich begannen, ihn mit Obszönitäten zu beschimpfen. Und zwar nicht irgendwelchen, sondern treffsicheren, die einen Kern Wahrheit beinhalteten. In diesem Fall, von Philip Mayer wunderbar aufgezeichnet, stand der junge angehende Ehemann, ein Bürschchen von gerade mal 14 Jahren, den etwas älteren Brautjungfern gegenüber, die detailreich, ausgelassen und äußerst derb über seine erst aufkeimende Manneskraft lästerten. Die Beschimpfungen waren solch deftiger Natur, dass selbst den umstehenden Älteren, die auch zur Zeremonie erschienen waren, die Spucke wegblieb. Irgendwann war dann alles gesagt, was gesagt werden musste, und die Gesellschaft konnte endlich das Haus betreten. Von der Mutter des Bräutigams war nur ein Seufzen zu hören: „Ja, dann sollen die uns eben heute Abend beleidigen, morgen sind sie dann an der Reihe." Fast friedlich wurde nun die Ziege geopfert und alles hätte gut sein können. Doch aus einer Laune heraus verweigerte die Brautmutter erst mal das Wasser für das dort warm genossene Bier, ohne das die Zeremonie nicht weitergeführt werden konnte. Irgendwann tat sie es dann doch und es wurde wieder die ganze Nacht gefeiert.

Am nächsten Tag sollte die Braut zum Haus ihres Zukünftigen. Da alle wussten, dass dort nun Beleidigungen auf sie warteten, hielten ihre Freundinnen sie unterwegs auf: Sie kamen „zufällig" die Straße entlanggeschlendert, verwickelten die Braut in ein Gespräch und hofften, dass die Familie des Bräutigams dann weniger Zeit haben würde, sich für den vorigen Tag zu revanchieren. Ja, dass vielleicht gar keine Zeit mehr bliebe, böse Worte auf das Mädchen niederprasseln zu lassen. Doch da unterschätzen sie die Familie des Bräutigams: Diese hatten mit solcherlei Obstruktion seitens der Braut schon gerechnet und daher vorsorglich in ihren Ablauf auch ein Hindernis eingebaut: Das für die Zeremonie äußerst wichtige kleine Mädchen, das den Speer des Bräutigams überreichen sollte, wurde gut versteckt und bedauerlicherweise erst dann wiedergefunden, als sie der Braut doch noch alles an den Kopf geworfen hatten, was sie für richtig, wichtig und beleidigend genug hielten. In ihrem Fall hagelte es Anpöbeleien in Bezug auf ihre Faulheit und ihre Unfähigkeit, mit der Schwiegermutter zu kommunizieren.

Als ob das nicht genug wäre, gibt es beim Ablauf eines jeden *enyangi* noch den *Chintere*-Jungen, einen noch nicht beschnittenen knapp zehnjährigen Bub aus der Familie des Bräutigams, der sein eigenes, ganz autarkes Programm der Verhinderungen fährt. Während die Braut zum Haus des Bräutigams wandert, versucht er, sie mit einem Stock zu ärgern und aufzuhalten. Und beim späteren Essen kann er die Braut erpressen, indem er sein Essen verweigert, was leider die Zeremonie als ungültig erklären würde. Nur indem die Braut ihn besticht, wird alles wieder gerettet. Nebenbei gibt es zur allgemeinen Belustigung Ringwettkämpfe für die Männer und Tanzwettkämpfe für die Frauen. Danach ist die Hochzeit vollzogen und alles könnte gut sein. Könnte. Wäre da nicht der Brauch, dass sich die ersten drei Nächte ein junges Mädchen zwischen Braut und Bräutigam drängt. Doch nach drei Nächten ist der Spuk dann endlich vorbei.

Ein Sprichwort der AbaGusii mag das alles vielleicht erklären: „Die, die du heiratest, sind die, mit denen du streitest." So wird bei diesem strapazierenden Ritual alles ausgereizt und das Paar darauf vorbereitet, was es im gemeinsamen Alltag einmal zu meistern gilt: Feindseligkeiten zwischen den Familien neben dem hehren Wunsch, friedliche Beziehungen zu führen. Diskrepanzen zwischen dem Paar und dem Dorf, aber auch Unvorhersehbares, wie der *Chintere*-Junge, ein nun wirklich überflüssiges, aus dem Nichts auftauchendes Übel. Es wird das ganze Register gezogen.

Man fragt sich, welches Mastermind hinter dieser Zeremonie steckte, deren perfide Perfektion sich in allen Schritten des Rituals offenbart. So ist zum Beispiel durch das Hin- und Herwandern der Hochzeitsgesellschaften relativ fair verteilt, wer wann den Heimvorteil hat, und jeder, von der Braut bis zu den Freunden des Bräutigams, bekommt einmal die Gelegenheit, den nötigen Respekt zu vergessen und sich verbal auszutoben. Fühlen sich Hochzeiten bei manchen Kulturen mitunter etwas steif an, bei den AbaGusii ist das nicht der Fall. Alle werden gefordert und die Emotionen kochen wirklich. Damit trotzdem nicht alles aus dem Ruder läuft, wird ein *omorendi* angeheuert, der die Zeremonie überwacht und bei Handgreiflichkeiten schnell einschreitet.

Im Vergleich dazu ist eine Hochzeit in Weiß ein aufgebauschtes Fantasiebild, so fern der Realität, dass das gemeinsame Erwachen in den Alltag eigentlich nur schmerzhaft sein kann: Denn nichts vermag mit der Perfektion, die auf einer Hochzeit vorgespielt wird, mitzuhalten. Während das bei den AbaGusii wohl kaum der Fall sein wird: Dort kann das gemeinsame Leben nach der Hochzeit nur noch an Fahrt gewinnen. Wer dort seine eigene Eheschließung überstanden hat, ist bereit fürs Leben zu zweit.

Wie man lernt, den Partner in all seinen Facetten zu lieben

Verpflichtender Begleitservice

Während die AbaGusii schon am Anfang ihrer Beziehung alle Hindernisse kennenlernen, die ihrem gemeinsamen Leben im Weg stehen könnten, schleichen diese sich in der Regel bei uns erst mit der Zeit ein. Am Anfang einer Beziehung ist man total neugierig auf die Welt des anderen und möchte am liebsten bei allem dabei sein, Mäuschen spielen und den anderen in all seinen/ihren Facetten erleben. Je länger zwei Partner dann aber zusammen sind, desto mehr grenzen sie sich ab – und beide entwickeln ihre eigenen Vorlieben, die sie allein ausleben wollen oder müssen: Er will Actionfilme sehen, sie Liebesschnulzen lesen. Er geht zur Netzwerkveranstaltung für IT-Spezialisten, sie macht eine Fortbildung in Handauflegen. Er reserviert am liebsten in einem Restaurant, wo es viel Fleisch für wenig Geld gibt, sie lieber in einem, in dem der Salat mit Ziegenkäse und Feigen von einem lokalen Bauernhof stammen und der Name der Ziege in der Karte steht. Er besucht seine Familie mittlerweile am liebsten alleine, sie ihre auch. Er geht am Samstag ins Fußballstadion, sie in die Sauna. Oder vielleicht auch umgekehrt … Zeit also für ein Gespräch, um herauszufinden, welche Ressentiments in der Partnerschaft aufgebaut wurden. Es geht nicht darum, Ausreden zu finden, warum man sich an den diversen Interessen des Partners nicht beteiligt, sondern darum, seine Welt wieder ein wenig mehr zu verstehen. Was macht er, sie da eigentlich immer? Jeder darf sich vom anderen eine Aktion wünschen, bei der sie ihn und er sie begleiten muss. Augen auf und durch!

*

Den Alltagsbrei mit Würze genießen

Nichts heilt die Wunden, die der schnöde Alltag manchmal schlägt, besser als ein Kartoffelbrei. Daher hier ein Rezept für dafür, allerdings in der kenianischen Variante. Und damit dieser sowohl sättigende als auch tröstliche Brei etwas Frische, Schärfe und Würze erhält, ein Tomatensalat dazu, der es in sich hat. Denn der Alltag braucht hin und wieder genau das.

Mukimo

Zutaten (für 4 Portionen):
1 ½ kg mehlig kochende Kartoffeln
½ Tasse gekochte Erbsen
½ Tasse gekochte junge Maiskörner (vom Kolben)
1 Bund Kürbisblätter oder Spinat
Salz
Milch, Sahne oder Butter (nach Belieben)

Die Kartoffeln schälen, in kleine Stücke schneiden und in einem Topf mit etwas Salzwasser zum Kochen bringen. Wenn die Kartoffeln halb gar sind, die Kürbisblätter oder den Spinat hinzufügen und zusammen kochen. Wenn die Kartoffeln weich genug sind, um sie zerdrücken zu können, vom Herd nehmen und das Wasser abgießen. Die gekochten Erbsen und jungen Maiskörner mit Salz untermengen und zerdrücken, bis eine breiige Masse entsteht. Mit Milch, Sahne oder Butter verfeinern.

Kachumbari

Zutaten (für 4 Portionen):
4 mittelgroße Tomaten
2 kleine rote Zwiebeln
2 grüne Chilischoten (nach Belieben)
2 TL frisch gepresster Zitronen- oder Limettensaft
Salz
1 Bund frischer Koriander
1 mittelgroße Avocado (nach Belieben)

Die Zwiebeln hacken, Tomaten und Avocado in kleine Würfel schneiden. Dann die Chilischoten fein hacken. Alle Zutaten miteinander vermengen. Mit Zitronen- oder Limettensaft, Koriander und Salz abschmecken.

Die Liebe und der Sex

KANAMARA MATSURI, JAPAN

Einem Europäer bietet sich ein durchaus befremdlich wirkendes Schauspiel, falls er am ersten Aprilwochenende mit der Bahn einen Ausflug nach Kawasaki unternimmt und dort mitten ins Kanamara Matsuri hineinplatzt: Frauen lecken genüsslich an pinken Lollipops – in Penisform. Gemüse, vor allem Gurken und Karotten, liegen aus, geschnitzt und angespitzt. Auch in Penisform! Hier und da ragen riesige Phallen aus der Menge und jeder einzelne davon wird angefasst, begrapscht, gestreichelt. Was ist da denn los? Und was hätte Freud wohl dazu gesagt?

金

Guter Sex ist super. Und durch guten Sex entstehen gute Sachen: Glücksgefühle oder Kinder zum Beispiel. Aber wehe, es schleicht sich der alte Affe Gewohnheit ein. Das kann dann schon mal eine sonst solide Beziehung ruinieren. Sehr wichtig also, den muffigen Sex regelmäßig aufzufrischen! In Japan ist das seit alters her institutionalisiert.

„Zwischen den Ländern Tosa und Awa steht auf einem Bergkamm, wo sich zwei Berge vereinen, ein kleiner Schrein. An diesem treffen sich die Bewohner zweier Dörfer, die auf jeweils einer Seite des Berges leben. Jedes Jahr, an einem vorbestimmten Tag, verbringen Männer und Frauen eine Nacht in diesem Schrein. Obwohl sich die Männer und Frauen in ihren normalen Leben kaum kennen, haben sie in dieser einen Nacht Sex miteinander. Natürlich erinnert uns dieser Brauch an ein gewöhnliches *kagai* (den Brauch, eine Nacht mit einem Fremden zu verbringen). Und die Praxis des *kagai* ist ja auch in vielen Provinzen Japans bekannt. Aber dieser eine Brauch ist doch anders und sollte daher hervorgehoben werden: Nur der Mann und die Frau, die ein Gedicht schrieben, das zusammenpasste, hatten Sex“ [1], so beschrieb der japanische Schriftsteller und Ethnologe Origuchi Shinobu den vor der Modernisierung Japans weitverbreiteten Brauch des *kagai*, des rituellen Sexualverkehrs.

Die Maßnahme, fremde Menschen zum Geschlechtsverkehr zusammenzubringen, sollte die Fruchtbarkeit der Frauen steigern und die sexuelle Potenz der Männer stärken. Wie verbreitet diese Sitte war, zeigen ihre zahlreichen Varianten: Jede Provinz Japans hatte dabei ihren eigenen ganz besonderen Ansatz. So mussten die verheirateten, aber auch unverheirateten Frauen des Dorfes Usukinu in einer Nacht Sex mit drei Männern haben. Andernorts durfte man sich dabei auf gar keinen Fall kennen oder musste zumindest so tun, als ob man sich fremd wäre. Und in den Bergen von Tosa und Awa auf der Insel Shikoku entschied eben die Dichtkunst, wer mit wem zusammenkam.

Die Freiheit, die Lust auszuleben, galt aber nur an einem bestimmten Tag und an einem bestimmten Ort. Die Vorstellung war, dass dann die *kami*, die Götter, Besitz von den Menschen ergriffen und sich durch den Sexualakt manifestierten. Dieser „heilige Sex" mischte nicht nur den Genpool von Siedlungen in abgeschiedenen Bergregionen, man glaubte auch, dass er die Felder befruchtete und allgemein für Wohlstand sorgte. Überkam einen aber außerhalb dieser festgelegten Zeiten und Orte die Eingebung, Sex mit Fremden zu praktizieren, war das, situationsbedingt, unangebracht. Eine Erzählung in dem Erzählband „Nihon Ryōiki – Aufzeichnungen über Wunder in Japan" aus dem Jahre 822 berichtet davon. Sie handelt von einem Sutren-Kopierer. Nun ist diese Profession ja eine sehr akribische; sie bedeutet stundenlange Konzentration auf Schriftzeichen und deren pedantisches Übertragen. Große Kopfarbeit also. Als eines Tages draußen ein Regenschauer niederprasselte, drängten sich viele Menschen, auch Frauen darunter, in den Tempel, in dem der Sutren-Kopierer über seinen Zeichen brütete. Er war überwältigt ob der vielen Körper. Die Lust, die in ihm aufstieg, war nicht mehr zu bewältigen. So kniete er sich hinter eine der Frauen, lüpfte ihren Kimono und drang in sie ein. Beide starben daraufhin sofort, die Frau mit weißem Schaum vor dem Mund. Der mahnende Kommentar der „Aufzeichnungen über die Wunder in Japan“: „Auch wenn Körper und Geist vor Lust brennen, hüte dich davor, durch die Lust in deinem Herzen schändende Taten zu begehen.“[2]

Bessere und nicht tabuisierte Gelegenheiten für außerehelichen Sex boten sich auf Pilgerreisen, die seit dem japanischen Mittelalter vor allem beim Adel sehr beliebt waren. Dabei standen vor den Schreinen oft Priesterinnen genau dafür zur Verfügung. Für das normale dörfliche Volk gab es sogenannte Pilgerfahrtslotterien, in die jeder einzahlte. Jedes Jahr wurden ein oder zwei Menschen zum Wohl des Dorfes auf Pilgerreise geschickt. Sie brachten nicht nur haltbare Speisen von fremden Orten mit, sondern trafen unterwegs auch andere Pilger, in engen Herbergen. Auch da war es erlaubt, nicht nur Geschichten auszutauschen. Und auf der Halbinsel Izu, nahe Tokyo, lagen bis in die 1920er-Jahre am Tag des Bon-Festes, dem Fest zu Ehren der Ahnen, Männer und Frauen eng verschlungen miteinander am Strand, vor Haustüren oder auf der Straße. Ein besonderer Ort, ein besonderer Tag.

Prüde waren die Japaner bis zur Modernisierung der Nation im 19. Jahrhundert nie. Es gab dort keinen Jungfräulichkeitskult, im Gegenteil, man fand, dass etwas Erfahrung nicht schaden könne. Kunsthistoriker entdecken jetzt gerade die bunte Welt der japanischen *Shunga* wieder (wörtlich übersetzt: Frühlingsbilder) und der pornografischen Farbdrucke wie die *Warai-e.* Vom namhaften Maler Hokusai stammt einer der bekanntesten dieser Drucke, das Bild „Der Traum der Fischersfrau“, das eine nackte Frau zeigt, die von den Tentakeln eines gewaltigen Tintenfisches befriedigt wird. *Warau* kann beides bedeuten: Lachen oder Masturbieren. Und es ist ein Wort, das wiederum Heiliges mit Profanem verbindet: Im japanischen Urmythos von der Sonnengöttin Amaterasu versteckte diese sich in einer dunklen Höhle, sodass auch die Welt in Dunkelheit gehüllt wurde. Erst als eine Göttin vor der Höhle einen Tanz darbot, bei dem sie ihre Genitalien offen zur Schau stellte, zeigte sich die Sonnengöttin wieder. Sie musste so lachen, dass sie erneut in die Welt trat und sie mit Licht beschenkte. Vielleicht war sie aber auch einfach so von Lust angesteckt. Die tiefere Bedeutung liegt im Wort *warau* verborgen, das eben Lachen oder Masturbieren sein kann.

Die *Warai-e* waren handliche Bücher, die ältesten von ihnen aus dem 17. Jahrhundert, die Frauen als Mitgift in die Ehe gegeben wurden. Darin abgebildet finden sich doppelseitige Illustrationen von Stelldicheins. Die Geschlechtsorgane sind besonders groß und präzise gezeichnet. Zwischen den Bildern sind oft leere Seiten, die als Pausen gedacht waren. Man konnte also umblättern, an sich spielen und dann weitermachen. Oder beiseitelegen, Haushalt verrichten und ein anderes Mal üben ...

1853 tauchten im Hafen von Edo, dem heutigen Tokyo, amerikanische Kriegsschiffe mit schweren Geschützen auf – die „schwarzen Schiffe" – und zwangen die Nation, sich dem Einfluss der Welt zu öffnen. Innerhalb kürzester Zeit strömten japanische Gelehrte in die westliche Welt und lernten über Politik, Recht, Medizin, Staat und Gesellschaft. Sie krempelten in der folgenden Zeit, die als Meiji-Restauration bezeichnet wird, die Gesellschaft komplett um und dabei gingen auch Bräuche wie die eben beschriebenen verloren. Denn es war den sensiblen Japanern nicht entgangen, dass die Langnasen aus dem Westen auf das stolze Vorzeigen von pornografischen Bildern aus dem Familienbesitz beschämt reagierten.

Selbst das Vokabular änderte sich: Während in all den Jahrhunderten zuvor für den Begriff Liebe das japanische Wort *Koi* benutzt wurde, das eine starke sexuelle Konnotation hat, wurde daraus nach der Öffnung zum Westen das Wort *Ai* oder *Renai*, die romantische Liebe. Man wollte sich also auch sprachlich von der Lust in der Liebe entfernen.

Folglich sind Feste wie das Kanamara Matsuri, das jährlich in Kawasaki gefeiert wird, eine Seltenheit und skurrile Rarität geworden. Beim Kanamara Matsuri, dem Fest des eisernen Penis, wird an diesem einen Tag im April die ganze Stadt mit Phallen in allen Spielarten geschmückt und die Bevölkerung wendet sich diesen hingebungsvoll zu. Es gibt sie in Lolliform – in der passenden Farbgebung – und als Kerzen, kunterbunt zum Abfackeln, es gibt Penis-Masken für die Nase – sieht schön aus – oder sogar als ganzes Kostüm. Es geht dabei sehr laut und ausgelassen zu, knapp bekleidete Männer und Frauen tragen singend und tanzend Schreine mit Phallen durch die Straßen und die Taiko-Trommeln liefern den dumpfen Ton, der alle in denselben Rhythmus eintauchen lässt. Neuerdings hat sich auch die Transgender Community eingeklinkt und ihr tragbarer Penisschrein ist mit Abstand der pinkeste und schillerndste. Es wird ausgiebig getrunken und geflirtet.

Frauen, die 36 Jahre alt sind, zeigen sich mit einem großen hölzernen Phallus in den Armen auf der Straße: Die Zahl 36 ist in der hier praktizierten Shinto-Religion bei Frauen eine ungünstige, vor der sie sich in Acht nehmen müssen. Der Phallus soll da schützend wirken. Bei Männern setzt das schicksalshafte Jahr erst mit 42 ein. So sind es vor allem Männer in diesem Alter, die den tragbaren Schrein mit dem extragroßen Phallus durch die Gassen schleppen. Frauen und Männer jeden Alters platzieren sich für ein Selfie vor riesigen hölzernen Penissen und gebären sich in interessanten Posen: Die Phallen sind so platziert, dass sie wie eine Verlängerung des besten Stücks des Mannes wirken.

Dank des Festes wird eine gute Reisernte erwartet, Geschäftsmänner hoffen auf gute Geschäfte und Paare beten für eine gute Beziehung. Es gibt allerdings auch eine Legende zur Herkunft des Festes, derzufolge ein böser Dämon mit langen Zähnen in die Vagina einer Prostituierten gekrochen war, der bei einem ihrer Kunden zubiss und diesen kastrierte. Die kluge Frau ging daraufhin zu einem Schmied und ließ sich einen eisernen Penis anfertigen, an dem sich der Dämon dann auch, wie erwartet, die Zähne ausbiss. So betet man heute beim Kanamara Matsuri eben auch für Schutz gegen Krankheiten, die sexuell übertragen werden, wie Aids. Willkommen in der Moderne.

Wie man Sex mit einem Fremden haben kann

Das Fremde im Bekannten finden

Ganz einfach: Um Sex mit einem Fremden zu haben, muss man sich nur auf Tinder anmelden – und los geht der Spaß ... Aber vielleicht will man das ja auch gar nicht, vielleicht hätte man lieber Sex mit seinem Partner, nur wäre es schön, wenn es sich etwas fremder und dadurch vielleicht aufregender anfühlt. Hier zwei Vorschläge:

Verkleiden: Das klingt erst einmal banal, aber man kann es mal ausprobieren: Als jemand ganz anderes gehen, es muss ja nicht gleich im Domina- oder Glücksfeekostüm sein. Vielleicht hat man mal im Café jemanden länger beobachtet und ist fasziniert von der Erscheinung und von den Geschichten, die dadurch in der Fantasie entstehen. Man verabredet sich mit seinem Partner zu einem bestimmten Zeitpunkt in einem bestimmten Café und spielt dort jemand anderen.

Fremder Ort: Der Partner muss nicht fremd sein, aber in einem anderen Licht, an einem anderen Ort erscheint er so. Im Wald, unter der Dusche im Schwimmbad, im Schuppen, im Taxi, auf der Toilette bei einer Party, in der Loge des Theaters, einer Burgruine, auf einem Bärenfell vor einem Kamin, in der Wüste, im Riesenrad, am Ende der U-Bahnplattform oder auf einer Aussichtsplattform, ach ja, wo auch immer. Oder auch in der prallen Mittagshitze, beim Sonnenuntergang, in Mondlicht getaucht. Zum Zirpen der Grillen, zur blauen Stunde, bei Sturm, im Regen, beim Silvesterfeuerwerk. Bei Meteoritenhagel und beim Weltuntergang. Ach ja, wann auch immer.

*

Das Spiel mit dem Rettich

Der Rettich verführt zu anatomischen Vergleichen. Nicht nur, dass die wohlgerundeten weißen Beine einer Frau in Japan als Daikon-Beine bezeichnet werden (und ein sehr sexy Attribut sind), nein, die längliche Form beflügelt auch Fantasien in Richtung eines anderen, sehr männlichen Körperteils – das gerne Daikon genannt wird. Daher hier zwei Rezepte:

Daikon – Rettich auf Japanisch

Zutaten (für 2 Portionen):
1 Daikon (milder Rettich)
5 EL Reis
3 Tassen Dashi
1 TL Sojasoße
½ TL Salz
1 TL Mirin

Zuerst wird der Daikon großzügig geschält (Schalen nicht wegwerfen, sie werden im nächsten Rezept verwertet). Dann den Daikon in fingerdicke Scheiben schneiden, die Ecken dabei abrunden. Die runde Fläche kreuzweise einritzen, so kann der Daikon mehr Geschmack aufnehmen. Die Daikonstücke nebeneinander in einen Topf legen und mit Wasser bedecken. Den Reis dazufügen und zum Kochen bringen. So lange köcheln lassen, bis die Daikonstücke weich, aber nicht zu weich sind. Abwaschen und stehen lassen. In einem Topf alle anderen Zutaten aufkochen und die Daikonscheiben hineinlegen. 30 Minuten bei niedriger Hitze ziehen lassen. *Itadakimasu!*

Kinpira Daikon

Zutaten (für 2 Portionen):
Daikonschalen
1 TL Sesamöl (geröstet)
1 TL Sojasoße
2 TL Mirin
Schwarzer Sesam zum Dekorieren

Daikonschalen in Stifte schneiden. Öl in einer Pfanne erhitzen und die Stifte 3 bis 5 Minuten anbraten. Sojasoße und Mirin bei kleiner Hitze unterrühren, bis die Flüssigkeit von den Daikonstiften aufgenommen wurde. Mit dem Sesam bestreuen und servieren.

Für die Liebe gemeinsam kochen

SAGO-PALMENRITUALE, PAPUA-NEUGUINEA

Zusammen in einer Bar was trinken, das hat eine gewisse Leichtigkeit, dahinter müssen keine ernsthaften Beziehungswünsche stehen. Bei der Einladung ins französische Restaurant aber, mit Kerzenschein und Wein, machen selbst die Freunde große Ohren: Klingen da in weiter Ferne etwa die Hochzeitsglocken? Ähnlich ist das bei den Bosmun, einem Volk, das in der Wildnis Papua-Neuguineas lebt. Wird aber Sago-Pudding gereicht, dann ist der mit Vorsicht zu genießen: Es könnte ein Heiratsantrag sein!

Es sind merkwürdige Legenden, die da im Urwald von Papua-Neuguinea erzählt werden. Und das Leben ist fast noch seltsamer. Es findet zwischen Sümpfen und Krokodilen statt und offenbar dreht sich alles ums Essen: Beziehungen werden über das Essen aufgebaut, Beziehungen werden über das Essen beendet und die Entwicklung eines Menschen gleicht der einer Sago-Palme, dem Hauptlieferanten für das erstrebenswerte Gefühl von satter Zufriedenheit.

Die Ethnologin Anita von Poser lebte mehrere Monate zusammen mit den Bosmun auf einer abgelegenen Insel Papua-Neuguineas, inmitten der Moskitos und Sumpfgewächse, der Tänze und Orchideen. Scharf beobachtet hat sie das Leben dort und alles aufgezeichnet, in ihrem Buch „Foodways and Empathy". Da gibt es die Göttin Nzari, die ihren Ursprung dort hat, wo die ersten Inseln entstanden, am Anfang der Welt. Die Göttin war eine der Ersten, die den nahrhaften Wert der Sago-Palme entdeckte, aus deren Mark das Sago gewonnen wird, das Hauptnahrungsmittel Papua-Neuguineas in jeder Hinsicht: Es füllt die Mägen und kleistert die Beziehungen der Bosmun. Wie sehr Nahrung und Paarung miteinander verquirlt sind, illustrieren mehrere Geschichten über die Göttin Nzari, die dort jeder kennt. Mädchen sitzen vor ihrer Hütte und vertreiben sich die Zeit mit Fadenspielen, bei denen sie die Göttin abbilden, Frauen verzieren ihre Paddel mit dem abstrahierten Bildnis der Göttin und eine Art von

Betelnuss, deren rote Farbe an Menstruationsblut erinnert, ist nach ihr benannt.

Eine Legende von Nzari geht so: „Nzari war auf der Suche nach einem geeigneten Mann und entdeckte Sone, der ein Kanu baute. Aus dem Versteck heraus beobachtete sie ihn über einen gewissen Zeitraum und stellte fest: Da kam keine Frau, um für Sone etwas zu Essen zu bringen. So legte Nzari Essensgeschenke in seiner Nähe ab, Bananen und Betelnüsse, und versah sie mit einem Zauber, damit er sie auch fände. Das tat er und freute und wunderte sich. Derweil beobachtete sie sein Verhalten aus einem Versteck heraus. Ihr drittes Geschenk war ein Behälter aus einer Kokosnussschale, in die sie Sago-Pudding füllte, den sie selbst zubereitet hatte. Und da auch er von ihrem Geschenk angetan war, beschloss sie, sich zu zeigen. So schlenderte sie mit einem Essensbehälter auf dem Kopf zu ihm, was ihre weibliche Figur unterstrich, und bat, mit ihr zusammen das Sago schnell zu essen, damit seine Frau, falls er doch eine habe, sie nicht gemeinsam sehen könne. Sone war betört von Nzari und erwiderte, nein, sie sollen schnell essen, damit ihr Mann sie nicht zusammen sähe. Und so aßen beide schnell das Sago und lebten zusammen im Wald, bis Nzari schwanger wurde und ein Kind gebar.“ [1]

Die Legende nimmt irgendwann eine dramatische Wendung, in der Nzaris Mutter und das gemeinsame Kind von den Verwandten ihres Mannes verspeist werden. Daraufhin verlässt Nzari ihren Ehemann und sucht sich einen neuen. Dafür setzte sie sich in ihr Kanu und steuerte Inseln und Küsten an und fand schließlich ein Mann-ähnliches Wesen, Kaamndon: Er lebte alleine auf einer Insel und ernährte sich von rohem Fisch. Als Nzari sich ihm näherte, fand sie seinen Geruch unerträglich, außerdem störte sie, dass er keine Genitalien hatte. Dennoch fühlte sie sich sexuell angezogen von ihm und begann, ihm ein Loch da zu bohren, wo Menschen ihren Anus haben. Die Erleichterung, endlich furzen zu können, war groß. So vertraute Kaamndon Nzari bei allem Weiteren. Sie instruierte ihn, einen Herd zu bauen, den sie mit Feuer, das aus ihrer Vagina herausschoss, entzündete. Mit einer Art Hexentrank vertrieb sie seinen unangenehmen Geruch und klebte eine längliche Art von Brotfrucht und zwei runde ungenießbare Früchte dorthin, wo seine Genitalien sein sollten. Nun war Kaamndon bereit, seine größte Lektion zu lernen. Nzari nahm ihn mit sich in den Sumpf, zeigte ihm, wie man Sago aus dem Mark der Palme gewinnt, gemeinsam produzierten sie das Sago, aßen es genüsslich und hatten dann endlich auch Sex.[2] Guten Sex.

Auch diese zweite Beziehung nimmt eine dramatische Wendung: Später wird Kaamndon von zwei weiblichen Geistern entführt und als Sexsklave gehalten. Er kann sich zwar befreien, aber Nzari will ihn nicht mehr haben, beschuldigt ihn, Würmer in den Därmen zu haben und andere unschöne Dinge. Sie verlässt ihn.

Bei den Bosmun kann es einen ganzen Tag dauern, diese Legende zu erzählen. Immer wieder werden Gesänge eingefügt, dann zur Geschichte zurückgefunden und weiter gesungen, getanzt, geschrien, erklärt – und dabei Sago-Pudding gegessen. Die Lektion brennt sich ein in Mann und Frau: Nur wer gemeinsam Sago erzeugt, darf gemeinsam das Leben bestreiten.

Sago-Palmen wachsen wild in den Sümpfen, aber jeder vom Volk der Bosmun bekommt als Baby mindestens eine Sago-Palme gepflanzt – von einem Menschen, der eine Beziehung zu diesem Kind hat oder aufbauen möchte. Es dauert zwischen 12 und 15

Jahren, bis eine Sago-Palme Blüten trägt, derselbe Zeitraum also, den ein Mensch durchlebt, bis er die Pubertät erreicht, in der auch er sich wandelt und geschlechtsreif wird. Um den Stamm der Sago-Palme herum sprießen, wenn der Boden gut gepflegt wird, neue Triebe, sodass, ein kleiner Sago-Wald dort entstehen kann, bis das Kind ausgewachsen ist. Der Sago-Palme wird nachgesagt, sie habe *nyeron,* so etwas wie eine Aura, die das Leben darin umhüllt. Auch Menschen werden von *nyeron* ummantelt.

Sago zu gewinnen, ist eine mühselige Arbeit und sie kann nicht alleine verrichtet werden. So ziehen Mann und Frau zusammen in die Sümpfe, suchen sich eine ausgewachsene Palme – sie darf noch nicht geblüht haben – und der Mann fällt sie. Der bis zu 15 Meter hohe Palmenstamm wird in mehrere größere Stücke geteilt, die der Länge nach aufgeschnitten werden, um an das Sago, die Pflanzenstärke, im Innern zu gelangen. Dieses wird dann vom Mann herausgehäckselt und -gekratzt. Jetzt ist es die Aufgabe der Frau, die Sagostärke zu gewinnen. Dafür werden die Häckselspäne in eine Art mobile Waschanlage aus einem Bambusrohr gelegt und immer wieder gestampft und von Wasser durchschwemmt. Das Sago wäscht sich so heraus und wird als Stärke im Boden eines Behälters aufgefangen. Nach einem ganzen Tag Arbeit gehen Mann und Frau mit einem knapp 20 Kilogramm schweren Klumpen Sago nach Hause. Zu Hause wird das Sago dann in einer Vorratsschale aufbewahrt und bei Bedarf entweder als Pudding gekocht oder zu Fladen gebacken. Davon können sie, wenn nicht gerade ein Fest ansteht, einen Monat zehren.

Oft reicht ein Tag nicht aus, um eine Palme aufzuarbeiten, und Mann und Frau müssen weitere Tage einplanen. Häckseln, ja – aber Hetzen, das ist verpönt. Wichtig ist auch, dass die Frau beim

Arbeiten sitzt; dies bezeugt, dass sie bereit ist, Ruhe und Zeit in diese wichtige Aufgabe zu investieren. Später, wenn das Sago gekocht ist, darf es nie heiß serviert werden. Auch dies wäre eine klare Indikation für Eile, die hier nicht angebracht ist. Hat sie denn etwas zu verbergen? Warum sonst diese Hast? Nein, Zeit muss sein.

Das Wort *ve* bedeutet bei den Bosmun sowohl tanzen als auch den gesamten Prozess, Sago zu erzeugen. Beides wird als eine schöne Beschäftigung angesehen. Und so ist das Zubereiten von Sago die Musik, die den Tanz des Lebens begleitet. Anita von Poser berichtet von der guten Laune, die Paare ausstrahlen, wenn sie gemeinsam in den Sumpf ziehen, das gemeinsame Produzieren des Sagos zeugt eben auch von einer guten, funktionierenden Beziehung: „Sago ist die ultimative Quelle des Lebens und die Hochzeit die ultimative Methode, Sago herzustellen“, so Anita von Poser. Sago, das bedeutet auch Sexualität. Die Konsistenz von Sago-Pudding gleicht dem männlichen Sperma und der tönerne Topf, in dem er produziert wird, der Gebärmutter. Mann und Frau sind bei den Bosmun erst dann ein Paar, wenn sie gemeinsam in den Sumpf ziehen, um Sago zu produzieren.

Aber auch um Unmut dem Partner gegenüber auszudrücken, ist Sago das ideale Kommunikationsmittel. Ist eine Frau verärgert über ihren Mann, so serviert sie ihm sein Sago in einer Schale, die einen Riss hat, aus dem das Sago tropft. Er bekleckert sich und sieht dabei unbeholfen aus. Sie wird dann vor ihren Freundinnen und Verwandten erzählen, sie habe ihrem Mann das Sago auch noch so gereicht, dass er sich habe unschön darüber beugen müssen. Ist der Zwist beendet, wird dem Mann das Sago wieder in ganzen Schüsseln serviert. Und eine Frau, deren Mann eine

Affäre hat, spricht darüber so: Sie wolle nicht eine Dose Thunfisch sein, die bei Bedarf aus dem Regal gezogen wird. Sie möchte ihr Leben mit ihm so gestalten, wie man eben gemeinsam das Sago produziert. Immer frisch.

Für Ethnologen ist schon lange klar: Enge, quasi familiäre Beziehungen zwischen Menschen müssen nicht rein verwandtschaftlicher Natur sein. Bei dem Volk der Zumbagua in Ecuador zum Beispiel haben Kinder mehrere Eltern und Erwachsene verschiedene Kinder, je nachdem, wer sich wann um das Essen kümmert. Auch bei den Bosmun verrät die Art und Weise, wie das Sago miteinander geteilt wird, welches Verhältnis man zueinander hat. Nie isst jemand seinen Sago alleine. Der Ausdruck *ngumu mbakmbak*, wörtlich „das Gesicht mit ranzigem Sago bedeckt", wird bei den Bosmun für eine unsoziale Person angewandt, die ihr Sago mit niemandem teilt.

Junge Männer und Frauen müssen allerdings aufpassen, wer ihnen das Sago reicht – es ist schon vorgekommen, dass ein Mädchen von ihren Verwandten hereingelegt wurde und man sie anwies, einem bestimmten jungen Mann das Sago zu servieren, um sie in eine Hochzeit zu schubsen. Ob sie dann wollte oder nicht: Einmal dem jungen Mann Sago serviert, blieb ihr nichts anderes übrig, als ihn zu heiraten. Kurz darauf sah man beide im Sumpf wieder, beim Sagomachen.

Wie man der Liebe Nahrung gibt

Wild und gefährlich: Gemeinsam Essbares suchen

Foraging ist das neue Trendwort aus England, die Suche nach essbaren Wildpflanzen: Pilze, Beeren, wilde Kräuter, Salate oder Nüsse. Jede Jahreszeit hat ihre Pflanzen und Früchte und besonders ertragreich ist die Suche nach Essbarem im Frühherbst: Da bietet die Natur eine unglaubliche Fülle an Nahrhaftem und es lässt sich ein ganzes Menü damit zusammenstellen. Der Vorteil: Nichts ist gespritzt und alles lokal und frisch. Äpfel, Nüsse, Brombeeren, Hagebutten, Schlehen, Kastanien, Pilze ... Wer weiß, wo es zu suchen gilt, hat bald alles zusammengeklaubt für ein herzhaftes Mahl. Tun Sie es also den Bosmun gleich und ziehen Sie mit dem Partner los, um einen Tag in der Natur zu verbringen, sich gegenseitig neue Wildkräuter zeigend und sammelnd, naschend und klaubend. Die Liebe bleibt dabei lebendig und droht nicht einzurosten. Doch Vorsicht, vor allem Pilze haben es in sich, das Bestimmen sollte keinem Laien überlassen werden. Die verschiedenen Gemeinden bieten daher im Herbst Pilzbestimmungstermine an. Es gibt auch diverse Kurse zu Wildpflanzen (auch ein schönes Geschenk!) und natürlich jede Menge Bücher über das Sammeln, Genießen und Haltbarmachen von Wildpflanzen und -früchten.

Wildes (Ein-)Kochen

Dass der Fantasie beim Zubereiten wilder Kräuter, Beeren oder Pilze keine Grenzen gesetzt sind, beweisen diese zwei Rezepte. Das untere ist eigentlich ein klassisches Spinat-Soufflé – mit Brennnesseln und Sauerampfer schmeckt es einfach noch mal so gut.

Hagebutten-Quitten-Chutney

Zutaten (für 3 Gläser):
250 g Hagebutten
1 kg Quitten
300 g rote, milde Zwiebeln
100 g getrocknete Feigen
25 g frischer Ingwer
275 g brauner Zucker
250 ml Apfelessig
1 EL Korianderkörner
1 EL gelbe Senfkörner
1 Zimtstange
2 kleine frische oder getrocknete Chilischoten
½ TL Salz
100 ml Wasser

Hagebutten von Stiel- und Blütenresten befreien und mit einem Küchentuch abreiben. Früchte halbieren und die Kerne samt Härchen mit einem kleinen Küchenmesser herauskratzen. Quitten schälen, vierteln, entkernen und quer in dünne Scheiben schneiden. Zwiebeln pellen, in Spalten schneiden. Feigen vierteln. Ingwer schälen, fein würfeln. Alle Zutaten mit dem Wasser in einen großen Topf geben und 1 Stunde durchziehen lassen. Aufkochen und bei kleiner Hitze unter häufigem Rühren 35 bis 40 Minuten köcheln lassen, bis das Chutney sämig ist. Gegen Ende der Garzeit häufiger umrühren. In die Einmachgläser füllen und fest verschließen. Gläser auf den Deckel stellen, nach 20 Minuten wieder umdrehen und dann vollständig abkühlen lassen. Hält etwa 6 Monate.

Brennnessel-und-Sauerampfer-Soufflé

Zutaten (für 4 Personen):
Ca. 500 g Brennnesseln
Einige Blätter Sauerampfer
500 ml Milch
30 g Mehl
30 g Butter
6 Eier
200 g geriebener Käse

Brennnesseln waschen und 2 Minuten lang blanchieren. Überschüssiges Wasser ausdrücken, kalt stellen, zusammen mit dem Sauerampfer pürieren. Für die Bechamelsoße das Mehl in Butter unter Rühren anschwitzen. Milch nach und nach unterrühren. Alles unter Rühren aufkochen und 15 Minuten köcheln lassen. Zum Schluss nach Geschmack mit Muskat, Salz und Pfeffer würzen. Abkühlen lassen. 3 Eigelbe einrühren, anschließend das Brennnesselpüree und den geriebenen Käse. Die Hälfte des steif geschlagenen Eiweiß unterziehen. Mischung in eine gebutterte Form füllen, den Rest des Eiweiß vorsichtig einrühren. 35 Minuten bei 170 Grad backen und schnell servieren.

Ungezwungen lieben

SISI-BEZIEHUNG, CHINA

Die Ehe gilt in fast allen Kulturen und Gesellschaften als die Institutionalisierung der Liebe. Nicht aber beim Volk der Mosuo in China: Hier ist die Besuchsehe die Regel; Männer und Frauen bleiben in den Familien ihrer Mütter. Nachts besuchen Männer die von ihnen begehrte Frau und am nächsten Morgen gehen sie wieder nach Hause, zu ihrer eigenen Familie. Mann und Frau würden niemals einen gemeinsamen Haushalt gründen. Warum auch? Funktioniert auch so.

T*a-dje* heißt die Zeremonie beim Volk der Mosuo, die aus Mädchen Frauen und aus Jungs Männer macht. Sie findet am Neujahrstag eines jeden Jahres statt und alle 13-jährigen Jungen bekommen an diesem wichtigen Tag von einem ihrer Onkel eine Hose angezogen: So wie der Gürtel festgeschnürt wird, soll auch ihre Seele nun fest an sie gebunden sein. Bei den gleichaltrigen Mädchen helfen die Mütter: Sie kleiden ihre Töchter in lange bestickte Röcke und Blusen und binden auch ihnen einen Gürtel um. Aber die Mädchen erhalten noch etwas: ein *ni-cha-yi,* ein sogenanntes Blumenzimmer. Darin dürfen sie, sobald sie sich dazu bereit fühlen, Männer empfangen.

Die Männer selbst haben kein eigenes Zimmer für sich. Solange sie leben, schlafen sie nachts in einem Raum mit ihren Brüdern, Cousins und Onkeln – es sei denn, sie besuchen eine Frau, die sie lieben, in ihrem Blumenzimmer. Dort bleiben sie aber nur die Nacht. Am nächsten Morgen kehren sie wieder zurück zum Haus ihrer Familie. *Dil-si-si* nennen die Mosuo diese Art der Beziehung, „Hin- und Herlaufen". Anthropologen bescheinigen, dass es „von allen möglichen institutionalisierten Arten, sexuellen Kontakt zu pflegen, die flexibelste ist".[1]

Wie das *dil-si-si* genau vonstatten geht? Ziemlich gesittet. Gefällt ein Mädchen einem Jungen, wird er sie fragen, ob er sie nachts in ihrem Blumenzimmer aufsuchen darf. Gestattet sie es ihm, verabreden sie ein geheimes Zeichen, damit sie ihn ins Haus lassen kann. Erscheint der Junge in der Nacht, schleichen sie sich gemeinsam in ihr Blumenzimmer. Lautlos erkunden sie ihre Körper und sinken hinein in den Schlaf der Liebenden. Am nächsten Morgen verlässt er sie und geht zurück zur Familie seiner Mutter. Hatten die beiden Spaß, kommt er wieder. Und sollte sie von ihm schwanger werden, wird sie ihm nicht unbedingt erzählen, dass das Kind von ihm stammt. Es wird von ihr und ihrer Familie großgezogen. *Emi*, so heißen alle stillenden Mütter einer Familie, ob es die eigene ist oder nur die Tante. *A-Gv*, das sind die Onkel, die Brüder der Mutter und Großmutter. Sie erfüllen so etwas wie die Vaterrolle. Denn bei den Mosuo gilt: Leidenschaft ist vergänglich, doch der Bund der Familie hält ewig.

Es kann durchaus sein, dass ein Mann und eine Frau so sehr Gefallen aneinander finden, dass er sie ein ganzes Leben lang abends aufsuchen wird. Er darf dann schon etwas früher erscheinen, mit dem Rest der Familie vor dem Fernseher abhängen und sich dann irgendwann mit ihr zurückziehen. Vor der Familie aber ist es verpönt, Zärtlichkeiten auszutauschen oder anzügliche Witze zu machen. Sex findet im Blumenzimmer statt. Sonst nirgendwo. Und was bei uns das Internet an Aufklärung leistet, lehren Lieder, Tänze und Gedichte den Jugendlichen der Mosuo.

Die Mütter interessieren sich nicht sonderlich für die Liebschaften ihrer Töchter. Diskretion ist angesagt, in jeder Hinsicht. Besucht ein Freund das Haus eines Freundes und will von der Familie wissen, wo der gerade steckt, so würde diese nie erwähnen, dass er gerade auf *dil-si-si* sei. Es heißt dann einfach: Er ist gerade nicht da. Nur eine Sache wird gerne lang und breit besprochen, denn bei den Mosuo gibt es nichts, das lächerlicher wäre: ein eifersüchtiger Liebhaber.

Und so wenig sich die Verwandtschaft für das sexuelle Leben ihrer Mitglieder interessiert, so wenig interessiert es sie auch, ob und wie viele Kinder eine Frau gebärt. Da Schwestern, Cousinen und Nichten meist unter demselben Dach wohnen, werden immer genug Kinder da sein, um die Familie zu erhalten, und es gibt keinen Druck, Nachkommen zu zeugen. Eine Mosuo-Frau darf im heutigen China drei Kinder zur Welt bringen, im Durchschnitt haben Mosuo-Frauen jedoch weniger Kinder als Frauen in anderen Gegenden Chinas, wo mehr Kinder erlaubt sind.[2] Und da die Mosuo keine Amazonen sind und Männer, auch wenn sie kein eigenes Zimmer besitzen, dennoch wichtig sind, ist es bei der Geburt eines Kindes weder besonders erfreulich, wenn es sich dabei um ein Mädchen handelt, noch besonders unerfreulich, wenn es ein Junge ist. Auch Jungs sind erwünscht. „Mädchen haben die Vorteile von Mädchen, Jungs die von Jungs“[3], heißt es bei den Mosuo. Sollte eine Familie doch zu wenig weibliche Nachkommen haben, so gibt es immer Verwandte, bei denen man ein Mädchen adoptieren kann.

Folgende Prinzipien gelten bei den Mosuo:

1. *Im Leben eines Menschen könnte jedermann der Vater sein. Die Mutter dagegen hat eine besondere Rolle.*
2. *Verwandte von der Seite der Mutter gelten als die Wurzelfamilie. Sie sollen zusammenleben und zusammenhalten.*
3. *Die Verwandtschaftsverhältnisse mütterlicherseits sind unzerstörbar und fortwährend.*
4. *Alle Frauen sind potentielle Mütter und sind im Allgemeinen stärker und fähiger als Männer.*
5. *Glück bedeutet per Definition, in Harmonie mit den Verwandten mütterlicherseits zusammenzuleben. Das höchste Ziel in diesem Leben auf Erden ist es, diese Familienharmonie zu bewahren.*[4]

Heute leben rund 40.000 Mosuo in der Gegend um den Lugu-See in der südwestchinesischen Provinz Yunnan. Sie stammen ursprünglich aus dem tibetischen Zentralmassiv und wanderten vor knapp 2000 Jahren in diese tiefer gelegene Region. Sie zählen zu den 56 registrierten ethnischen Minderheiten der Volksrepublik China. Die Mosuo teilen sich die Dörfer, Ackerflächen und Ufer des Sees noch mit anderen Völkern, aber sie konnten ihre besondere Art des Zusammenlebens über Jahrtausende pflegen und erhalten. Die hohen Berge um sie herum tragen die Namen von weiblichen Gottheiten, die kleineren Berge die von männlichen Gottheiten. Sie praktizieren archaisch-schamanische Rituale, die sie *daba* nennen, und seit dem 13. Jahrhundert glauben die meisten der Mosuo den Lehren des tibetanischen Buddhismus. Einst wurde dabei ein umgekehrtes Prinzip des *dil-si-si* angewendet: Jede Familie schickte einen Sohn ins Kloster und in der Nacht, bevor sie aufbrachen, durften sie von Mädchen besucht werden. Das sollte Glück bringen, für die lange, beschwerliche Reise.

Es war ein Österreicher, Joseph Rock, der in den 1940er-Jahren mit silbernem Teeservice und faltbarer Badewanne China erkundete, der als einer der ersten westlichen Forscher über die Mosuo berichtete und sich in diese Kultur verliebte. Doch wenige Jahre später wurde die Volksrepublik China ausgerufen, und als die ersten Kader in die entlegene Gegend des Lugu-Sees gelangten und feststellen mussten, dass es in dieser Kultur keine Väter gab, fanden sie dies schrecklich altmodisch und hinterwäldlerisch. Diese Kultur sei ein lebendes Fossil aus einer barbarischen Zeit. Es wurden also Zwangsheiraten eingeführt. Während vor dem „Großen Sprung nach vorne" nur zehn Prozent der Mosuo tatsächlich verheiratet waren – es handelte sich dabei um die Angehörigen adliger Familien –, wurden ab 1958 alle Mosuo zur

Heirat gezwungen. Aber die Mosuo blieben sich und ihren Prinzipien treu. Zwar standen Paare nun als Ehepartner auf einem Dokument, doch nachts verließ der Ehemann sein angetrautes Weib und kehrte zurück zum Haus seiner Familie. Und mehr als die Hälfte ließen sich wieder scheiden, sobald der politische Spuk vorbei war.

So sind die Mosuo ein Volk ohne Witwen und Witwer, ohne Junggesellen oder alternde Jungfern. Sozialer Aufstieg oder Abstieg ist nicht mit dem Erfolg oder Misserfolg einer Heirat verknüpft und allein das scheint viel Stress aus dem System zu nehmen. Angeblich gibt es bei den Mosuo kein Wort für Krieg, Mord, Vergewaltigung oder Gefängnis – und die Mosuo werden von Journalisten, Reiseveranstaltern und nach der emanzipierten Wahrheit suchenden Frauen als ein Volk beschrieben, das romantisch, ursprünglich und geheimnisvoll sei. Tatsache ist, dass die Mosuo die schreckliche Zeit der Volksrepublik relativ unversehrt überstanden haben.

Doch birgt die moderne Zeit eine Gefahr, die weit einschneidender ist: den Tourismus. Seit 1990 ist die Region für chinesische Touristen eröffnet und seit 1992 auch für solche aus dem Ausland, wobei die Besucher aus China 90 Prozent ausmachen. Sie kommen in diese Gegend, um dem Stress des Alltagsleben zu entfliehen, und suchen bei den Mosuo eine ursprüngliche Form des Zusammenhalts und vielleicht auch ein kleines Sex-Abenteuer. Die Mosuo bedienen alle diese Bedürfnisse: So haben sich rund um den Lugu-See Hostels und Gästehäuser angesiedelt und es gibt ein Rotlichtviertel, in dem Frauen in der Tracht der Mosuo die fremden Männer in ihre Blumenzimmer einladen. Wer daran kein Interesse hat und eher volkstümlich unterwegs ist, kann allabendlich an Tanzveranstaltungen teilnehmen. Hier wird gesungen und ums Feuer getanzt und die Touristen erfahren, dass das Reiben des Daumens in der Hand der Frau das Zeichen dafür sei, dass man gerne etwas weiter gehen würde.

Seit 2006 gibt es sogar ein „Tal der authentischen Kultur der Minderheiten“, eine Art Freilichtmuseum, das von der chinesischen Regierung gegründet wurde. Man kann dort Menschen in Mosuo-Tracht beobachten, die angeblich ihren Alltag bestreiten. Dass keine Kinder unterwegs sind, fällt nur den wenigsten Besuchern auf, und dass nachts alle nach Hause fahren, auch nicht. Die Frauen fahren zu ihren Familien, die Männer zu den ihrigen – und nach Einbruch der Dunkelheit wird dann, wie seit Jahrtausenden, wieder hin- und hergewandert.

Wie man im eigenen Blumenzimmer empfängt

Raum für die Liebe

Blumenzimmer werden die Räume genannt, in denen die Mosuo-Frauen die Männer aufnehmen. Welche Frau würde nicht gerne über solch ein eigenes Reich verfügen? Es wäre zu schön, den Partner im eigenen Blumenzimmer empfangen zu können. Die einfachste Möglichkeit ist es, über Airbnb ein Zimmer zu mieten, aber es geht natürlich auch ein Hotel. Dieses Zimmer wird dann mit all dem gefüllt, womit man den Partner begrüßen und beglücken möchte: angefangen von der Musik, die dort läuft, über die Kleidung, in der man empfängt, bis zum Duft, der den Raum füllt. Auch die Uhrzeit ist eine ganz persönliche Entscheidung: Man muss sich ja nicht um 20 Uhr treffen, sondern kann ganz verwegen einen *Booty Call* für 11 Uhr vormittags tätigen – *Booty Calls* sind spontane Anrufe beim Partner im Falle plötzlich überkommender Lust. Wer es vertrauter haben möchte, kann sich auch in einem Café verabreden und gemeinsam das Zimmer aufsuchen. Oder aber, eine abenteuerlichere Variante, den Partner auf eine Schnitzeljagd schicken, die ihn zu diesem Zimmer führt. Das Einzige, was man ins Blumenzimmer mitbringen muss, ist Zeit. Besonders schön: Die Einladung in einem selbst gebackenen Glückskeks verschenken. Rezept siehe nebenan.

The Medium Is the Message

Zettel in Gebäck zu verstecken, hat eine lange Tradition: Ein Vorgänger des Glückskekses war der Mondkuchen, den chinesische Rebellen im 13. Jahrhundert verteilten. In diese Kuchen wurden geheime Schriften politischer Natur eingebacken. Heute hüten Glückskekse banale bis inspirierende Weisheiten – es liegt an Ihnen, welche Botschaft auf Ihren Keksen steht.

Glückskeks

Zutaten (für 16 Kekse):
40 g Mehl
10 g Speisestärke
50 g Puderzucker
50 g weiche Butter
1 Eiweiß (40 g)
1 EL Öl
1 Prise Salz
2 EL kaltes Wasser

Alle Zutaten mit dem kalten Wasser verrühren, 1 Stunde quellen lassen. Einladungstext – und weitere Texte für die anderen Kekse – auf schmale Papierstreifen schreiben. Aus Pappe eine Kreis-Schablone (9 Zentimeter Durchmesser) zuschneiden. Blech einfetten, pro Keks etwa einen Teelöffel Teig gleichmäßig im Kreisausschnitt der Schablone verstreichen. Backofen auf 160 Grad (Umluft 140 Grad, Gas Stufe 2) vorheizen. Kekse 6 bis 8 Minuten backen, bis die Teigränder goldgelb sind. Kekse sofort mithilfe einer Palette vom Backpapier nehmen. Die Papierstreifen mit den Sprüchen in die Mitte legen, den Teig mittig darüberklappen, Kanten leicht andrücken und über der Kante einer Tasse wie einen Tortellini falten. Zum Abkühlen in eine Tasse oder in die Mulden eines Muffins-Blechs legen, so behalten die Glückskekse ihre Form.

Die Familie an der Liebe teilhaben lassen

BETTRITUAL, THAILAND

Die Liebe beginnt mit einem Funken zwischen zwei Menschen. Während der Funken heller und strahlender wird, beleuchtet er mit der Zeit nicht nur die geliebte Person, sondern auch ihr Umfeld. Und plötzlich wird offensichtlich: Da stehen ja noch mehr Leute. Ein ganzer Clan! Anfangs mag man sie noch alle wegblinzeln, doch irgendwann ist klar: Wenn ich heirate, heirate ich die alle mit. Kein anderes Ritual versinnbildlicht das besser als das thailändische Hochzeitsritual: Hier bettet die ganze Familie das Brautpaar.

One and one is two. Two is me and you. Two plus one is Three. Three is family.“ (Eins und eins ist zwei. Zwei – das sind wir beide. Zwei plus Eins ist Drei. Drei – das ist Familie.) Als Dana Dawson 1996 das Lied „Three is Family“ sang, gab es in Europa schon fast nur noch Kleinfamilien, die in kleine Wohnungen zogen und miteinander ihr kleines Leben lebten. Aber es stimmte nicht. Und es stimmt auch heute nicht. Familie: Das sind nicht nur du und ich und der Nachwuchs, sondern du und ich und deine Mutter und dein Vater und dann noch dein toller Bruder und, ja, deine Tante, die sich damals ... und deine Oma, die immer wollte, dass ... und der Großonkel, der so einen schlimmen Finger hatte und, und, und. Wer heiratet, lernt besser, die ganze Familie des Partners, mit all ihren Macken und Besonderheiten, zu akzeptieren. Die Hochzeit ist die erste von vielen Familienfesten, Jubelanlässen und Feiern und nie wird die Familie aufhören, ihre Erwartungen, Erkenntnisse und kritischen Beobachtungen mal dezent aus dem Hintergrund, mal in schöner Direktheit mitzuteilen.

Um dem frisch vermählten Paar unmissverständlich klarzumachen, dass die Heirat zweier Menschen auch die zweier Familiensysteme ist, gehört es in Thailand zum Hochzeitsbrauch, dass die ganze Familie das Paar zum Ehebett begleitet. Wie man sich das vorzustellen hat? Eben genau so: Ein ganz schönes Gedränge. Aber irgendwann gehen auch alle wieder raus und das Paar darf das tun, was die Familie von ihnen erwartet: sich um die Zeugung eines weiteren Familienmitglieds kümmern.

Wie jeder Brauch hat auch dieses Bettritual ganz besondere Zutaten. So ist es zum Beispiel wichtig, dass das Bett von einem alten Paar gerichtet wird, das nicht nur schon lange glücklich verheiratet, sondern auch noch wohlhabend ist und viele „gelungene“ Kinder gezeugt hat, von denen alle leben. Dieses Vorzeigepaar liegt bereits im Bett, wenn die Hochzeitsgesellschaft samt Hochzeitspaar das Zimmer betritt, und muss dann so tun, als hätten sie geschlafen und seien just in diesem Moment erwacht. Die alte Dame wird daraufhin erzählen, welch wunderbaren Traum sie gerade hatte, während der alte Herr bestätigen wird, dass er es geradewegs im Blute habe, dass dieser Traum für das Paar in Erfüllung gehen werde. Danach wenden sich die Eltern der Braut an den Bräutigam und offenbaren ihm jetzt erst, dass seine junge Frau noch sehr unerfahren sei, im Haushalten, er sie dafür aber nicht schelten, sondern immer Geduld mit ihr haben soll, und sie allenfalls freundlich zurechtweisen darf, wie eine jüngere Schwester. Seine Aufgabe sei es, sie zu schützen, sie zu umsorgen und sie nicht zu vernachlässigen.

In und um das Bett herum wurden von dem alten Ehepaar besondere symbolische Gegenstände platziert, so zum Beispiel Rosen und Lotusblüten. Diese werden auf das Bett gestreut. Es kann auch eine Schüssel mit Regenwasser neben dem Bett stehen, für Harmonie. Oft liegen Steine zum Zerstoßen von Kräutern auf den Decken: Beide Partner sollen zu Hause bleiben, wie die Steine. Eine Gurkenart wird aufs Kissen gelegt: Das Paar soll so schwer und kühl bleiben, wie die Gurke sich anfühlt, nicht von ungesunden Emotionen getrieben. Wer dabei Böses denkt – nun, es wird noch seltsamer. Ein weißer Kater, gepudert und parfümiert. Warum? Weil alte Kater zu faul sind herumzustrolchen und stattdessen lieber zu Hause bleiben. Ein gutes Omen. Erst nach drei Tagen darf das Paar diese Dinge beseitigen. Auch die Gefahr eines Streits, wer auf welcher Seite des Bettes liegen darf, wird durch das Ritual ausgeräumt: Die Frau liegt links, der Mann liegt rechts. Traditionell war die Tür im Zimmer rechts und so konnte, wenn Gefahr drohte, der Mann gleich aufspringen und seiner gerade von den Brauteltern auferlegten Pflicht nachgehen: die Frau zu beschützen. Hat sich die Familie vergewissert, dass alles so ist, wie es sein soll, verlässt sie den Raum.

Auch in Europa war das Betten des Brautpaares lange Zeit ein Brauch, der in vielen Regionen bekannt war. Wer in Deutschland im 16. Jahrhundert heiratete, wurde von der Hochzeitsgesellschaft mit Schalmeien und Tröten zu Bett geleitet. Obszöne Lieder wurden zum Besten gegeben und damit wurde nur auf das Brautpaar Rücksicht genommen: Denn je lauter gegrölt wurde, desto unbeschwerter konnte das Paar sich vergnügen. Manchmal wurde dem Paar auch ein Limburger Käse zwischen die Kopfkissen gesteckt: Wer das überstand, konnte alles ertragen. Zur gleichen Zeit in Schweden: Da saß der ganze Clan mit ums Ehebett und speiste genüsslich Köttbullar und Lutfisk, bis alle satt und zufrieden waren und Braut und Bräutigam sich ins Bett plumpsen lassen konnten. In Schottland blieben alle so lange, bis die Braut sich ihre Socken auszog und in die Menge schmiss. Wer die Socke fing, durfte dies als Zeichen für viel Glück deuten. Heute wirft sie den Brautstrauß: Früher war eben doch nicht alles besser …

Allerdings besaßen in allen Ländern und Kulturen die Gäste immer genügend Anstand, um das Paar alleine zu lassen, wenn es

„zur Sache“ ging. Nur bei Königen mussten bestimmte Angehörige diesem Teil der ehelichen Vollstreckung beiwohnen. Im Falle von Queen Mary und William Prinz von Oranien etwa zog der Onkel höchstpersönlich die Bettvorhänge zu.

Welch zentrale Rolle das Bett auch im europäischen Kontext bei einer Eheschließung einnahm, zeigen vor allem aus Großbritannien überlieferte Bräuche. In manchen Gemeinden, so in Hertfordshire, gab es vor dem 17. Jahrhundert ein spezielles, mit einem Ehebett ausgestattetes Gemeindezimmer. Denn es konnte dort das Zu-Bett-Bringen als legitime Form der Vermählung gelten. Katie Barclay von der Universität in Adelaide befasste sich intensiv mit den Bettritualen der Schotten. Sie analysierte schottische Volkslieder, studierte historische Dokumente und entdeckte Geschichten, die einem heute die Haare zu Berge stehen lassen. [1]

So zitiert sie den Fall der Margaret Ferguson, einem 16-jährigen Mädchen, das ohne Vater aufgewachsen war. Man rief sie eines Tages zum Haus ihres fünf Jahre älteren Lehrers David Mackie, wo bereits einige Leute am Tisch versammelt waren und tranken. Die bunte Gesellschaft forderte Margaret nun auf, sich auszuziehen und mit David das Bett zu teilen. Das Ganze kam so plötzlich und unerwartet, dass Margaret gehorchte. Sie stieg also entblößt mit David ins Bett. Kurz darauf stand die Zechgesellschaft vor den beiden und erklärte sie zu Mann und Frau. Später würde Margaret behaupten, sie habe nur wenige Minuten mit David dagelegen, während es nach Davids Aussage über eine Stunde war, in der die Ehe vollzogen wurde. Und dass sie vollzogen wurde, habe er am „zufriedenen Lächeln“ in ihrem Gesicht ablesen können! Ein Jahr später wurde der Fall vor Gericht verhandelt und David bekam Recht. Es gab mehrere solcher Fälle und immer waren es die Frauen, die versuchten, die Ehe zu annullieren. Jedes Mal mit demselben Argument: Sie seien im Moment der Vollstreckung zu „confused" gewesen und hätten dem gesellschaftlichen Druck nicht standhalten können, der plötzlich auf sie geladen wurde. Verwirrung zeigt sich auch in dem schottischen Volkslied, das Katie Barclay aufgespürt hat:

O Johny, Johny, thou art to blame,
O Johny, Johny, thou art to blame
For once in the Meadow, and twice in the Lee
I am sure I am wi' Bairn to thee.

Wi' Bairn to me! How can this be,
For I was nere in a Bed with thee,
But once in the Meadow, and twice in the Lee
And Im sure this Bairn is not to me.

Oh Johny, Johny, du bist schuld
an dem einen Mal auf der Wiese
und den beiden Malen am Fluss.
Und nun erwarte ich ein Kind von dir.

Ich und ein Kind, wie kann das sein?
Denn nie stieg ich mit dir ins Bett,
Nur dieses ein Mal auf der Wiese
und die beiden Male am Fluss.

Das Bett also als Ort, wo sich gesellschaftliche Erwartungen und intime Aktionen trafen. Romantik und Leidenschaft passierten an wilderen Orten. Das ist schade.

Eine Studie der University of Iowa[2] untersuchte den Einfluss der Schwiegereltern auf das Glück der Vermählten: Während man sich den Partner ja aussucht, ist das mit der Verwandtschaft nicht der Fall. Nach vielen Interviews kam man zu dem bahnbrechenden Ergebnis, dass die Beziehung zwischen Schwiegermutter und Schwiegertochter die schwierigste sei. Auch sei der Einfluss der Familie auf das Eheglück nicht nur in den Jahren unmittelbar nach der Hochzeit stark, sondern immer. Und so empfinden Paare, die gegenseitig gute Beziehungen zu ihren Schwiegerfamilien pflegen, ihre Ehe als glücklicher als Paare, bei denen dies nicht der Fall ist.

Ob man in Thailand die Sache mit der Schwiegermutter intuitiv weiß? Hier ziehen in den buddhistischen Familien die Frischvermählten für eine gewisse Zeit ins Haus der Brauteltern. *Bunkhum* nennt man das, die Pflicht gegenüber den Eltern und dem Leben einlösen. Und irgendwann wird das frisch vermählte Paar ihr Bett und ihr Haus noch einmal teilen müssen, für Monate und vielleicht Jahre. Der genaue Zeitpunkt, wann dies geschieht, ist nicht festgelegt. Doch diesmal wird es der eigene Nachwuchs sein, der Nacht für Nacht mit im Bett sein will.

Wie man sein eigenes Bettritual veranstaltet

Einladung zum Bed-In

John Lennon und Yoko Ono haben es vorgemacht, 1969 in einem Hotelzimmer in Amsterdam. Sie verließen einfach eine Woche lang das Bett nicht, gaben der erstaunten Öffentlichkeit Interviews für den Frieden und nannten das ganze Bed-In. Etwas später taten sie dasselbe aus einem Sack heraus und nannten es Bag-In, aber das ist eine andere Geschichte. Tatsache ist, dass das Bett ein toller Ort ist, um Freunde näher kennenzulernen – vorausgesetzt man lässt sich darauf ein. Denn in Betten wird geträumt und es wird geliebt. Hier wird sich regeneriert und hier wird übers Leben nachgedacht. Ein Ort also, der außerhalb der Normalität steht und an dem sich vielleicht gerade darum neue Perspektiven öffnen. Ob man nun andere Menschen zum Bed-In einladen möchte oder es lieber als Paar genießen will, sich ein Wochenende lang nicht aus dem Bett herauszubewegen, kann jeder halten, wie er will. Aus Streichholzschachteln lassen sich prima Einladungen dazu basteln: Die Streichholzschachtel außen mit einem Bild der eingeladenen Person bekleben und innen ein passendes Fundstück hineinlegen, eine Daune, ein Gedicht … Ob man nun Brettspiele, Kreuzworträtsel oder Filme genießt, ob man sich austauschen oder neu kennenlernen will, das sei jedem selbst – und der Dynamik des Bed-In – überlassen. Wer es wirklich ernst meint und das Bett nicht verlassen will, sollte vorher alles eingekauft haben: Und Blumen gehören genauso zum Bed-In wie Champagner.

*

Scharfes Betthupferl

So ein Tag im Bett macht ganz schön faul, aber Hunger hat man trotzdem irgendwann. Tolle Idee daher, das Essen schon vorher vorzubereiten. Dieses Love-Curry schmeckt aufgewärmt sogar besser – die Riesengarnelen dann allerdings frisch braten. Mit einem Reiskocher ist auch der Reis allzeit bereit.

Love-Curry

Zutaten (für 2 Personen):
Für die Currypaste:
1 Stängel Zitronengras
½ rote Chilischote
1 Knoblauchzehe
1 cm Ingwer
1 Bund Koriandergrün
80 g eingelegte Paprikaschoten
½ TL Tomatenmark
½ EL Fischsauce
1 EL Sojasauce
½ TL Sesam- oder Kokosöl

Für das Curry:
4 Riesengarnelen, ungeschält
100 g Zuckerschoten
120 g kleine Garnelen, gegart
½ Dose Kokosmilch
1 Limette

Für die Currypaste zunächst das Zitronengras waschen und die Enden sowie die harten äußeren Blätter entfernen. Die verbleibenden Blätter mit dem Messer anquetschen und grob hacken. Koriander, Chili, Knoblauch und Ingwer ebenfalls grob hacken. Eine Hälfte des Korianders zur Seite stellen. Die andere Hälfte mit den anderen vorbereiteten Zutaten in den Mixer geben. Die eingelegten Paprikas, Tomatenmark, Fischsoße, Sojasoße und Sesamöl ebenfalls in den Mixer geben und alles pürieren, bis eine homogene Paste entsteht. Dann Öl in einer Pfanne erhitzen, die Riesengarnelen von beiden Seiten darin anbraten, bis sie rosa geworden sind. Einen Esslöffel der Currypaste hinzufügen und etwa eine weitere Minute mitgaren. Aus der Pfanne nehmen. Nun die Zuckerschoten und die kleinen Garnelen mit etwas Öl in die Pfanne geben. Die restliche Currypaste hinzufügen und ca. 2 bis 3 Minuten braten. Die Kokosmilch hinzufügen und glatt rühren. Bei mittlerer Hitze etwa 10 Minuten weiterköcheln lassen.Zum Anrichten die Riesengarnelen in eine Schüssel geben und das Curry mit dem gehackten Koriander bestreuen. Die Limetten zum Auspressen in Spalten schneiden und ebenfalls reichen. Dazu passen Reis und Krabbenchips.

Sich selbst lieben lernen

RADICAL FAERIES, USA

Um den ersehnten Partner zu finden, zu überzeugen oder an sich zu binden, werden seit Menschengedenken Liebeszauber angewendet. Bis heute: Das Internet ist voll von Angeboten für jede sexuelle Ausrichtung, jedes Bedürfnis oder Obsession. Da gibt es die Turbo-Partnerrückführung in nur fünf Tagen oder Anweisungen, wie man durch Kloputzen die Liebes-Aura reinigt. Aber kann das gut gehen? Ist das eine gute Basis für harmonische Zweisamkeit? Warum nicht erst einmal lernen, sich selbst zu lieben?! Die *Radical Faeries* zeigen, wie.

Umhayizo nennen die Zulu den Zustand eines Mädchens, das sich gegen einen auf sie projizierten Liebeszauber wehrt und dadurch in eine Psychose verfällt. Missionare erzählten immer wieder von schreienden, besessenen Mädchen, die sich gegen ungewollte Liebeszauber sträubten, wie in diesem Bericht aus dem 19. Jahrhundert von der Centocow Mission: „Eines der Mädchen vom Marienhaus hatte am Sonntag einen seltsamen Anfall. Sie schrie und lamentierte, schlug mit den Armen um sich und benahm sich wie eine Irre. Wir alle dachten, es sei ein hysterischer Anfall. Aber es wurde schlimmer, Krämpfe überfielen sie und ihre Verwandten mussten ihr ein Stück Holz zwischen die Zähne klemmen.“ [1] Ein Verehrer hatte einen Liebeszauber auf sie geworfen und sie kam erst wieder „zur Vernunft“, als sie den Freier akzeptierte.

Der Fall ähnelt anderen, Verwandte und Freunde mussten dabei hilflos mit ansehen, wie das Mädchen sich sträubte, konnten aber nichts dagegen unternehmen. *Umhayizo* bleibt in den ländlichen Gegenden Südafrikas ein ernst zu nehmendes Phänomen, das auf die sozial untergeordnete Rolle der Frau zurückzuführen ist und heute von Anthropologen im Kontext von Gender Politics neu bewertet wird. Seit den 50er-Jahren des letzten Jahrhunderts befassen sich Ärzte und Psychologen mit der Heilung solcher Attacken. [2]

In Europa wurde der Liebeszauber in der Literatur der Romantik gerne eingesetzt, um den Protagonisten durch eine psycho-sexuelle Transformation zu geleiten. In den Erzählungen von E.T.A. Hoffmann und anderen wird er in Form von Elixieren verabreicht: Ein Hexer oder eine Hexe brauen sie aus recht persönlichen Zutaten, wie Menstruationsblut, Sperma oder Schamhaaren. Doch es gibt kaum eine Geschichte, in der sich der Zauber auf längere Sicht positiv auswirkt. Denn beim Liebeszauber wird der eine vom anderen betört und kontrolliert. Am Ende der Geschichte rächt sich die Tat, indem der Verzauberte dann doch nach freiem Willen handelt – und gegenüber dem, der ihn verzaubert hat, mit Abscheu reagiert.

Während dies in der romantischen Literatur recht lustig erzählt wird, sah die Anwendung von Liebeszaubern in der Realität ganz anders aus. Man muss nur einen Blick auf die Dokumente der Inquisition werfen, wie sie etwa im Nationalinstitut in Madrid liegen.[3] Dort gibt es Aufzeichnungen zu Hexenprozessen, die sich mit Liebeszaubern befassten, die von Frauen in Auftrag gegeben wurden: Da sollen Männer mithilfe von Magie bessere Liebhaber oder einfach erst mal auf eine Frau aufmerksam gemacht werden. Oder es wird Rache ausgeübt an Männern, die eine Frau vernachlässigten, indem der Mann durch Einsatz der Magie denselben emotionalen Qualen ausgesetzt wird, wie die Frau durch ihn erlitt.

Die Kirche sah es als ihre Aufgabe an, diesem Spuk mithilfe der Inquisition ein Ende zu bereiten, ohne allerdings mit einer Idee aufzuwarten, wie man die Wurzel des Übels beseitigen könnte: die Frustration der Frauen ob ihres Bedürfnisses nach aktiv gelebter und gestalteter Leidenschaft in einer patriarchal geprägten Zeit. Und so entmystifizierte die Kirche zwar die geheimen

Sprüche, Feuerrituale und Rezepte, indem sie sie akribisch aufzeichnete, und verbrannte am Ende die hexenden Frauen und Männer auf dem Scheiterhaufen, aber das Bedürfnis nach freier Entfaltung der Leidenschaft und damit des Menschseins, wurde auf diese Weise nicht getilgt.

Es war in den 1970er-Jahren, als die Schwulen Amerikas begannen, sich gegen die gesellschaftlichen Normen zu stemmen, denn sie fanden sich in einer nicht unähnlichen Rolle wieder wie die Frauen des Mittelalters – nur mit dem Unterschied, dass sie alle politischen und sozialen Freiheiten hatten, diese zu ändern. Es ging darum, die eigene, wahre Identität zu entdecken, nicht die, die von anderen diktiert wurde: „Wir wollen die unansehnliche grüne Froschhaut der Hetero-Imitation wegwerfen und den leuchtenden Faerie-Prinz darunter entdecken!", lautet einer der Claims der amerikanischen Radical-Faerie-Bewegung, einer der schillerndsten in der alternativen homosexuellen Szene. Ein zentraler Kritikpunkt der schwulen Aktivisten war, dass es ihnen zwar erlaubt war, ihre sexuelle Präferenz straffrei auszuüben, aber die bis dato akzeptierte schwule Mainstreamkultur nur „eine unterdrückende Parodie auf die der Heterosexuellen" war, „die in Bars und Spelunken stattfand, aber nicht ermutigte, Bindungen zu knüpfen oder füreinander da zu sein".[4]

An einem Wochenende im Sommer 1979 gab es ein Treffen schwuler Männer im Desert Sanctuary, einem schwulenfreundlichen Retreat in der Wüste Arizonas, um über eine neue Spiritualität nachzudenken. Der Aktivist Harry Hay hatte im Schwulenmagazin RFD dazu aufgerufen: „Der Ruf geht an alle schwulen Brüder, egal, wo – Dichter, Sufi, Musiker, Revolutionäre, Schamanen, Häretiker, Bürgerrechtler, Bauern, Künstler, Heiler, Stadtmenschen,

Buddhisten, Tänzer, Magier, politische Aktivisten, Yogi – der Ruf geht an alle, die glauben, dass wir mehr sind als nur ein Imitat der Hetero-Welt. Für alle, die bereit sind, den nächsten Schritt zu wagen. Für alle, die den Durchbruch geschafft haben und diesen mit ihren Faerie-Brüdern teilen wollen."[5]

Die *Radical Faeries. Radical,* im Sinne von „Wurzel", aber auch im Sinne von „politisch radikal". *Faeries* bedeutet Feen, wurde aber als gängige abwertende Bezeichnung für Schwule in der Umgangssprache verwendet – und von den Radical Faeries in etwas Neues, Schillerndes, noch nie Dagewesenes umgewertet. 220 Männer reisten damals an, auf der Suche nach einer neuen Form des Zusammenseins, in der alle gemeinsam ihre Identität feierten. Es ging den Faeries nicht darum, ihr Coming-out, sondern die Freiheit des Andersseins zu zelebrieren. Und sie sahen dabei auch wirklich anders aus, oder wie es einer der Faeries ausdrückte: Love und Peace und dabei auch noch schick aussehen.

Wobei „schick aussehen" definitiv eine Sache des Geschmacks war. Einer, der dabei war, beschrieb das erste Treffen so: „Am nächsten Morgen kamen noch mehr Männer dazu und trafen auf eine neue, gerade erblühende Faerie-Ästhetik: angeschminkte Regenbögen, die von den Augenlidern hinabflossen, an Schnauzbärten vorbei bis zu den Brustwarzen. Überall baumelten Federn, Glocken und Perlen, Kleidung diente nur als Sonnenschutz oder um den Sitz zu polstern. Anstand wurde einfach verbannt und jeder spürte eine grundlegende Veränderung."[6]

Die Radical Faeries sind ein wirklich bunter, lustiger Haufen, der sich von allen geschlechtslosen Schalken der Geschichte stimuliert fühlt: von den Hofnarren, Pucks und Peter Pans, die frei und selbst gestaltet leben, fern jeglicher sozialer Norm – und so vielleicht sogar in der Lage sind, der Gesellschaft einen Spiegel vorzuhalten. Oder, wie einer der Faeries auf einer ihrer ersten Versammlungen formulierte: „Wir sind moderne Schamanen. Viele schwule Männer wollen so sein wie der Normalo-Mittelklasse-Amerikaner. Sie wollen als Menschen akzeptiert werden und wollen, dass man ihre Sexualität ignoriert. Wir Radical Faeries aber sind bereit, am Rande zu leben. Wir fühlen, dass unsere Sexualität uns Kraft schenkt.“ [7]

Versammlungen der Faeries, sogenannte *Faerie Gatherings,* finden heute auf fast allen Kontinenten statt und es werden dabei jede Menge Workshops angeboten. Solche, wie man sie erwarten könnte – Massage, Ernährung, lokale Botanik, heilende Energie –, aber auch welche zu so bizarren Themen wie englische Volkstänze oder Auto-Fellatio, eine nur für sehr gelenkige Männer empfehlenswerte Form der Selbstbefriedigung. Doch das Kernstück eines jeden Faerie Gatherings ist der *Heart Circle,* der Herzkreis. Hier lernt jeder, sich selbst genau so zu akzeptieren und zu lieben, wie er ist, und es ist dieser Moment, der jedem Kraft schenkt: Alle Faeries stellen sich hierfür in voller Verkleidung im Kreis auf. Ein Talisman wird herumgereicht, und wer ihn hält, darf sprechen. Jeder hört mit der Anteilnahme zu, die er aufbringen kann. Danach wird der Sprecher von allen geküsst. Ansonsten darf jeder tun und lassen, was er will. „Manche kommen, um Urlaub zu machen, andere, weil sie eine spirituelle Erfahrung suchen. Wieder andere gehen in ihr Zelt und haben drei Tage lang Sex. Das bedeutet es, ein Faerie zu sein, du kannst alles sein, und wenn du genug davon hast, etwas anderes.“ [8]

Einer der Mitbegründer der Radical-Faerie-Bewegung war Arthur Evans. Er hatte 1978 ein gut recherchiertes, sofort zum Kultbuch avanciertes Buch über „Magie und die schwule Gegenkultur“[9] geschrieben, das der Radical-Faerie-Bewegung eine Art Grundlage lieferte. Darin beschreibt er die Rolle von Schwulen und Transvestiten durch die Jahrhunderte. Er zeigt auf, dass vor allem in den keltischen Kulturkreisen immer schon Feste gefeiert wurden, in denen Männer in Frauenkleider schlüpften. Aber auch bei den Griechen fand sich eine schwule Kultur, die zu den ersten Theaterstücken führte – denn es waren schwule Männer, die das erste Theater entwickelten.

Aber Evans' Theorien gehen noch tiefer. Die Wörter *Faerie* und *Faggot*, die heute noch im Englischen für Schwule benutzt werden, stammen ursprünglich aus der Zeit der Hexenverbrennungen: „Faerie“ war eine Bezeichnung für einen Menschen, der sich auf Naturzaubereien einließ, und „faggots“ hießen die Scheite, die zum Scheiterhaufen geschichtet wurden: Diese waren meist aus Buchenholz, *fagus* auf Lateinisch. Damals in die Rolle von Hexern gezwängt, hatten die Faggots und Faeries des Mittelalters nur die Möglichkeit, mit fragwürdigen Liebeszaubern die Geschlechterrollen für sich und andere aufzubrechen.

Heute kann jeder durch die Faeries lernen, sich selbst zu lieben und zu akzeptieren. Denn es sind heute längst nicht nur Schwule, die bei den Radical Faeries mitwirken. Auch Frauen sind zu manchen Gatherings und Ritualen zugelassen und freuen sich, in die Rolle der Erdmutter zu schlüpfen und ihre Weiblichkeit und mehr zu entdecken. [10] Und wie eine medizinische Studie der Universität Pisa [11] belegt: Frauen und Männer gleichen ihren Testosteronlevel an, wenn sie sich frisch verlieben. Sie werden dann, zumindest hormonell, zu zwitterähnlichen Wesen. Das scheint allen gut zu tun. Mehr Fairies für alle!

Wie man sich selbst lieben und schätzen lernt

Sich selbst näherkommen – Schritt für Schritt

Es muss ja nicht gleich Auto-Fellatio sein, aber sich seiner täglichen Wünsche, Bemühungen und Träume bewusst werden und dadurch lernen, sich selbst zu verstehen und zu lieben – das sollte jedem Menschen eine Herzensangelegenheit sein. Die Radical Faeries tanzen zu den Sonnenwenden, wenn sich Tag und Nacht angleichen. Gute Termine, um über Veränderung nachzudenken: Also den 21. März oder den 21. September in den Kalender eintragen, sich eine ruhiges Plätzchen suchen und sich Gedanken darüber machen, welche Träume man hegt. Wohin will ich? Wer bin ich, wer will ich sein? Kann ich dafür etwas tun? Seien Sie ehrlich zu sich selbst, vielleicht machen Sie sich Notizen. Ein halbes Jahr später dann, zum Zeitpunkt der nächsten Sonnenwende, wird die Liste hervorgeholt und ein neuer Blick darauf geworfen. Habe ich in den letzten sechs Monaten etwas in Bewegung gebracht? Habe ich mich vielleicht sogar selbst bewegt? Was habe ich im letzten halben Jahr geleistet, worauf ich wirklich stolz sein kann? Das muss nichts Großartiges sein. Fangen Sie einfach mit kleinen Dingen an. Vielleicht habe ich jemanden durch eine bestimmte Tat glücklich gemacht – und vielleicht war dieser jemand sogar ich selbst?

Die Faeries zu sich nach Hause einladen: mit Regenbogen und rosa Plätzchen

Bunt soll es hergehen, auch auf dem Teller. Ein visuelles Feuerwerk ist dieser Obstsalat in den Pride-Farben und dabei ein echter Vitamin-Booster, der die Lebensgeister weckt. Als Belohnung danach eine kleine süße Sünde für „la vie en rose": Macarons in rosa.

Pride-Obstsalat

Zutaten je nach Jahreszeit und Vorliebe:
Gelbe Früchte: Bananen in Scheiben, Ananasstücke, Melonen
Orange Früchte: Orangen, Mandarinen, Mango, Physalis, Aporikosen
Rosa und rote Früchte:
Rosa Grapefruit, Erdbeeren, Apfel mit roter Schale, Johannisbeeren, Himbeeren
Blaue Früchte: Blaue Weintrauben, Brombeeren, Heidelbeeren
Grüne Früchte: Kiwi, Grüne Weintrauben, Äpfel mit grüner Schale

Die Früchte kleinschneiden und wie ein Farbspektrum anordnen. Dann mit Honig und Joghurt verfeinern und genießen.

Rosa Macarons

Zutaten (für 40 Stück):
Für die Macaron-Schalen:
120 g sehr fein gehackte Mandeln
2 Eiweiß
1 Prise Salz
150 g Puderzucker
10 Tropfen rote Speisefarbe
Butter

Für die Füllung:
120 g weiche Butter
20 g Puderzucker
80 g Himbeergelee (hochwertig)

Das Eiweiß und eine Prise Salz mit dem Handrührer kurz verquirlen. Den Puderzucker nach und nach esslöffelweise zugeben und sehr steif schlagen. Die Mandeln mit einem Schneebesen unterheben. Rote Speisefarbe unterheben. Zwei Bleche mit Silikonbackmatten belegen, diese mit wenig Butter einfetten. Baisermasse in Einwegspritzbeutel füllen und Spitze abschneiden. 80 gleich große Tupfen auf die Matten spritzen. Im auf 80 Grad vorgeheizten Umluftbackofen auf den beiden mittleren Schienen ca. 20 Minuten backen, bis die Oberfläche der Macarons trocken ist. Den Ofen auf 180 Grad schalten und weitere 6 bis 8 Minuten backen, dann vollständig auskühlen lassen. Für die Füllung Butter, Puderzucker und Himbeergelee mit dem Handrührer dicklich-schaumig aufschlagen. Falls die Creme gerinnt, Schüssel kurz in ein warmes Wasserbad stellen und weiterschlagen. Die Füllung in einen Spritzbeutel mit kleiner Lochtülle füllen. Auf die flache Seite einer Schale einen dicken Tupfen Creme spritzen. Die zweite Schale darauf setzen und leicht andrücken. Die fertigen Macarons bis zum Servieren kalt stellen.

Die Liebe und die Sehnsucht

TANABATA, JAPAN

Wer denkt, er habe ein schweres Los mit seiner Fernbeziehung Köln–Hamburg, London–Berlin oder gar Rio–Finsterwalde, der hat noch nie vom japanischen Tanabata-Fest gehört: Jährlich am 7. Juli wird das Fest der beiden Sterne Orihime und Hikoboshi gefeiert, die knapp zwei Milliarden Lichtjahre voneinander getrennt brennen und sich nur an diesem einen Tag des Jahres treffen können – wenn es nicht gerade regnet.

Das Haar gewaschen,
Schminke angelegt
und ein nach köstlichem Räucherwerk duftendes Kleid angezogen.
In welch eine wundervolle Stimmung versetzt uns das,
selbst wenn uns niemand sieht.
Sei Shonagon

Im 10. Jahrhundert schrieb die japanische Dichterin Sei Shonagon das heute noch moderne „Kopfkissenbuch einer Hofdame“ [1] und zählt darin Dinge auf, die ganz nah sind und doch fern – darunter das Paradies und die Beziehung zwischen Mann und Frau.

Sei Shonagon lebte als Hofdame im Palast des Kaisers, einer seltsam entrückten Welt, in der Empfindungen durch Gedichte, Räucherwerk und Farben mitgeteilt wurden, nie aber durch Blickkontakt, bloße Wörter oder Taten. Was Sehnsucht ist, wusste sie nur zu gut: Es gab damals eine Welt der Frauen und eine Welt der Männer, Vorhänge und Schichten von farbig abgestimmten Kimonos trennten die Geschlechter. Nur beim Stelldichein, wenn man sich heimlich in den Gemächern der Dame oder in einem einsamen Tempel traf, verschmolzen die Welten – dann aber mit einer solchen Wucht, dass man sein Leben lang von dieser Nacht schwärmte.

Vom Liebsten getrennt zu sein und sich vollkommen in der Sehnsucht zu verlieren, das ist der Inbegriff der Romantik in Japan und zieht sich wie ein seidener Faden durch die Liebesliteratur der Jahrhunderte: ein zartes, feines Gefühl, das stark ist und nicht zerreißt, das einen fortzuziehen vermag, hin zu tiefer liegenden, verborgenen Gefühlen. Auch Haruki Murakami, Japans erfolgreichster lebender Autor, spielt in nahezu allen seinen Büchern mit der Sehnsucht: Seine Charaktere sind getrieben von diesem Gefühl und betreten, von ihm geführt, unbekannte Welten, die verstörend vertraut sind.

Es ist also nicht verwunderlich, im japanischen Jahreszyklus ein Fest zu finden, das genau dieses Gefühl zelebriert: in diesem Fall die Sehnsucht zweier Sterne, die sich nur an einem Tag des Jahres treffen können. Es ist das Sternenfest Tanabata, das jedes Jahr am 7. Juli gefeiert wird – seit mehr als 1500 Jahren. Es gilt als eines der Hauptfeste im Land der Morgenröte. Jedes Kind lernt bereits im Kindergarten etwas darüber und jede Stadt Japans wird an diesem Tag geschmückt, mit Bambusgrün und Papier. Den Höhepunkt des Festes bilden die Volkstänze, die am Abend von Jung und Alt gemeinsam getanzt werden.

Die Legende dazu ist schnell erzählt: Demnach gibt es die Sternentochter Orihime, auch die Weberprinzessin genannt, die für ihren Vater Tentei, den Himmelsfürsten, am Ufer des Himmelsflusses Amanogawa – unsere Milchstraße – prächtige Gewänder fertigte. Sie arbeitete gut und unermüdlich, doch eines Tages bemerkte ihr Vater eine Traurigkeit, die sie umgab.

„Das junge Ding will sich verlieben“, erkannte der weise Vater und machte sie mit Hikoboshi bekannt, dem Rinderstern, der auf der anderen Seite des Himmelsflusses seine Herden hütete. Als Orihime und Hikoboshi sich erblickten, verliebten sie sich augenblicklich ineinander und heirateten. Nun hatten die beiden so viel Spaß aneinander, dass die Weberprinzessin lieber anderes tat, als zu weben, und auch der Hirte Besseres im Sinn hatte, als sich nach seiner Herde umzusehen. Tentei, der Himmelsfürst, wusste sich nicht anders zu helfen, als sie wieder auf verschiedene Seiten des Himmelsflusses zu verbannen. Orihime weinte darauf fürchterlich und so erlaubte der Vater folgende Regelung: Am siebten Tag des siebten Monats eines jeden Jahres sollten die beiden sich treffen dürfen.

Leider führte über den Himmelsfluss keine Brücke und darum kam es bei ihrem ersten Treffen nur zu einem sehnsüchtigen Blickkontakt. Doch beim zweiten Mal erschien ein Schwarm Elstern, die ihre Flügel über dem Wasser ausbreiteten und Orihime erlaubten, trockenen Fußes das andere Ufer und Hikoboshi zu erreichen.

Es ist eigentlich eine klassische Fernbeziehung, die hier erzählt wird. Der eine hier, der andere dort. Aber was soll man tun, in Anbetracht einer unüberwindbaren Distanz? Wie die Zeit überbrücken? Heute gibt es Flugzeuge, Züge, Handys und Skype. Was aber taten die alten Japaner?

Die Dichterin Sei Shonagon griff zur Feder, wenn die Sehnsucht sie plagte. Wie alle in ihrem Umfeld überbrückte sie die Zeiten zwischen den Zusammenkünften mit dem Schreiben von duftenden Briefen, in denen sie gekonnt die Sehnsucht schürte, auslebte, mit Schmerz erfüllte und darin das *mono no aware* entdeckte, die Vergänglichkeit des Daseins.

Etwas ganz anderes empfiehlt – ohne dabei rot zu werden – der alte japanische Gedichtband „Manyoshu" – die Sammlung der zehntausend Blätter: die Selbstbefriedigung. In dieser Anthologie aus dem 7. Jahrhundert finden sich über 120 Gedichte, die das Tanabata-Fest und die Sehnsucht zelebrieren.[2]

Eines von ihnen lautet:

Ich bleibe hier und warte auf ihn
Im Herbstwind, meine Bauchbinde entknotet.
Wird er heute kommen?
Wird er heute kommen?
Der Mond hängt niedrig am Himmel.

Mit der Bauchbinde hat es folgende Bewandtnis: Im alten Japan war es Brauch, sich beim Abschied nach einer Liebesnacht gegenseitig die Bauchbinden zu schnüren, mit dem Versprechen, sie erst wieder gemeinsam zu entknoten – und in der Zwischenzeit keusch zu bleiben. Dass die Sprecherin die Binde bereits entknotet hat, verrät, dass sie gern allein das erleben will, was die beiden sonst zusammen tun …

Das Gedicht beschreibt eine Form der Liebe, die in kaum einem anderen Land so offen auf Bildern, in Gedichten und in der Populärkultur ausgelebt wird wie in Japan: Bereits Mitte des 17. Jahrhunderts gab es bildliche Anleitungen für Männer und Frauen, die Unterweisungen zur Selbstbefriedigung enthielten. Sie wurden Frauen sogar als Mitgift in die Ehe gegeben, schließlich mussten die langen Zeiten, die zum Beispiel ein Bürokrat von zu Hause entfernt war, überbrückt werden.

Man kann die Einsamkeit aber auch verscheuchen, indem man mit anderen zusammen ein großes Fest feiert! Die schönsten Rituale, sich der Sehnsucht zu stellen und die Einsamkeit zu lindern, kennt nämlich das Tanabata-Fest selbst: Man lässt eine Süßkartoffel über Nacht im Garten liegen, reibt am nächsten Tag mit den darauf angesammelten Tautropfen Tusche an und schreibt damit einen Liebesbrief. Tautropfen stammen der Legende nach nämlich von der Milchstraße, dem Amanogawa. Will man die Sehnsucht noch tiefer fühlen, so füllt man eine Schale mit Wasser und betrachtet darin nachts im Garten den Widerschein der Sterne – und schickt dabei Gedanken an den liebsten Menschen. Oder man beschriftet kleine, bunte Papierschnipsel mit Wünschen und hängt sie an einen Bambusbaum. *Sara sara* – so geht das Geräusch, das in Japan jedes Kind zu benennen weiß, das Rascheln der Bambusblätter im Wind. Sie tragen die Wünsche zu den Göttern. Dieser Brauch stammt übrigens ursprünglich aus China.

Das Tanabata-Fest, das auch in China gefeiert wird (als Qixi-Fest), spielte dort nicht nur eine Rolle im Liebesleben, sondern in noch ganz anderen Bereichen. Altair, der Stern des Rinderhirten, galt in China als der Stern, mit dessen Hilfe man die Saison der Seidenraupenzucht bestimmte. Und die Frauen übernahmen, ähnlich der Sternentochter, das Füttern der Raupen und das Weben der feinen Gewänder. So war das ursprüngliche Tanabata in China ein Fest, an dem man Opfer an die Götter entrichtete, um besser in allen möglichen Fertigkeiten zu werden: sei es im Weben, im Haushalt, in der Kunst der Liebe, in den darstellenden Künsten oder im Schreiben.

Und wie steht es mit der Sehnsucht in unserer Kultur? Die Autoren des Grimm'schen Wörterbuchs[3] beschreiben das Gefühl als „schmachtendes Verlangen“ und listen verschiedene Reaktionen und Empfindungen auf: den Sehnsuchtsseufzer, die Sehnsuchtsbang, die Sehnsuchtwelle oder gar die Sehnsuchtswimper – alle ausgelöst von derselben Begierde, jetzt sofort den Liebsten zu sehen und zu berühren. Sich der Sehnsucht hingeben, oh, was gibt es Schöneres! Platon hatte eine etwas praktischere Sicht der Dinge: Er veranschaulichte das Empfinden der Sehnsucht in seinem Mythos von den Kugelmenschen: Demnach hatten die Menschen einst kugelförmige Körper, mit zwei Gesichtern, vier Armen und vier Beinen. Als diese Kugelmenschen versuchten, den Himmel zu stürmen, bestrafte Zeus sie, indem er sie in zwei Hälften teilte. Seither sei jede Hälfte sehnsüchtig auf der Suche nach einem Gegenstück.

Aber was tun, wenn man die andere Kugelhälfte gefunden hat, diese allerdings ganz woanders wohnt und man wie Orihime und Hikoboshi gezwungen ist, eine Fernbeziehung einzugehen? Uns beschert die Vielfalt der digitalen Kommunikation virtuelle Spielwiesen: Mithilfe von Bildern, Filmclips und Texten können wir jederzeit unsere Gefühle und Gedanken mit dem Partner in Echtzeit austauschen, egal, wo er gerade steckt. Das Beamen aber, das wirkliche Treffen, bleibt bis auf Weiteres eine Utopie. So stopfen wir Menschen weiterhin Gedankensplitter in SMS-Formate und fühlen immer wieder tief in uns das schmachtende Verlangen nach dem Geliebten, das sich durch keine Textmessage der Welt stillen lässt.

Die Weberprinzessin und den Rinderhirten kann man übrigens auch bei uns am Himmel sehen – im sogenannten „Sommerdreieck“. Die Weberin heißt bei uns Wega. Sie war während der Steinzeit nichts anderes als unser Polarstern – bis die Erdachse sich vor 14.000 Jahren verschob und unser momentaner Stella Polaris diese Aufgabe übernahm. Die Wega ist auch heute noch einer der fünf hellsten Sterne und kann zusammen mit Altair, dem Rinderhirten, und Deneb jeden Sommer aufs Neue am Nachthimmel wahrgenommen werden: als Tanabata-Sternenbild. Ein Blick dahin lohnt sich immer.

Wie man selbst die Sehnsucht feiern kann

Ein Haiku als SMS schreiben
Ein Haiku ist ein kurzes japanisches Gedicht, das einen Moment festhält, quasi ein Schnappschuss in Gedichtform. Es besteht aus drei Zeilen, in denen nur das beschrieben wird, was der Dichter sieht – nicht, was er fühlt. Reime braucht ein Haiku nicht. Als Faustregel gilt: Es muss eine Referenz an die Jahreszeit geben, das kann eine Blume sein, die nur einmal im Jahr blüht, aber auch eine Aktivität, die mit einer bestimmten Jahreszeit verknüpft ist. Ganz banal: Eisschlecken im Sommer, Rodeln im Winter. Ansonsten gilt: starke Verben gebrauchen – und da sein, im Hier, im Jetzt.

Auf blattlosem Ast
sitzt alleine eine Krähe;
herbstlicher Abend.
Matsuo Basho

Voller Mond im Herbst!
Um den Teich bin ich geirrt,
eine ganze Nacht.
Matsuo Basho

Das richtige Essen an Tanabata

Traditionell werden in Japan an Tanabata verschiedene sommertypische Gerichte serviert: Früchte, Gurken, Wassermelonen, Auberginen oder geschabtes Eis mit Sirup. Auch steht oft Aal auf dem Speiseplan. Das Essen sollte auf jeden Fall sieben Gewürze enthalten: Ingwer, japanischen Ingwer (Myoga), Lauch, Nori (Meeresalgenblätter), Paste aus Umeboshi (Salzpflaumen) und Sesam. Außerdem wird ein Gericht aus gekühlten „Somen" zubereitet – das sind feine, lange Nudeln aus Weizenmehl, die wahrscheinlich an die Fäden der Weberprinzessin erinnern sollen. Gerne serviert man dazu Fischkuchen, Gelee oder Gemüse – in Form von Sternen ausgestochen. Traditionell wurden die Somen gekocht und dann mit Flusswasser abgekühlt: Hierfür schüttete man die Nudelfäden auf ein ausgehöhltes Bambusrohr, ließ Flusswasser darüber laufen und fischte sie sich dann mithilfe der Essstäbchen heraus. Zum perfekten Genuss dippte man sie noch in die Soße, die in einem Extraschälchen auf dem Schoß gehalten wurde. Schöner kann ein Sommeressen nicht sein.

Somen – Japanische Fadennudeln

Zutaten für 2 Personen:
2 Päckchen Somen
1 kleines Stück Ingwer, gerieben
Scheiben von Kamaboko (Fischkuchen)
Salatgurken (in feine Fäden geschnitten)

Für die Brühe:
2 ½ Tassen Dashi (aus dem Asiasupermarkt, ein Pulver in einem Tütchen)
1 halbe Tasse dunkle Sojasauce
4 EL Mirin

Für die Brühe alle Zutaten in einem Topf zusammenschütten und einmal aufkochen lassen. Dann ein paar Stunden im Kühlschrank kalt stellen. Wasser in einem großen Suppentopf zum Kochen bringen, dann Somen darin nach Packungsanleitung kochen. Wenn sie fertig sind, in einem Sieb unter kaltem Wasser abspülen. Eiswürfel in einer Glasschale anrichten, die Somen darauflegen und mit Kamaboko und den Gurkenfäden garnieren. Der geriebene Ingwer und die Brühe zum Dippen werden in Extraschälchen dazu gereicht. Jetzt den Ingwer in die Brühe rühren und die Nudeln hineindippen. Beim Einziehen der Nudeln in den Mund laute Schlürfgeräusche machen, um dem Partner anzudeuten, dass es schmeckt …

Sich für die Liebe aufopfern

KARVA CHAUTH, INDIEN

Die Liebe verhält sich wie der Mond: Mal ist sie voll und rund, mal ist sie es nicht. Und manchmal ist sie überschattet von dunklen Wolken. Um eine Ehe zu erhalten, muss man gelegentlich wahre Opfer bringen. Dabei kann es helfen, sich bei Freunden auszuheulen. Daher pflegen die verheirateten Frauen Nordindiens alljährlich ein Ritual, das *Karva Chauth.* An diesem Tag fasten sie symbolisch für ihren Mann und treffen sich mit anderen Frauen. Dabei wird klar: Das große Rätsel, wie man eine lebenslange Partnerschaft meistert, kann nur gemeinsam gelöst werden.

Die in den USA lebende Inderin Puja Sahney vergleicht das traditionelle Verhältnis nordindischer Frauen zu ihren Männern mit den Gefahren eines Fischers auf hoher See[1]: Der Fischer weiß nie, was ihn bei seiner nächsten Fahrt erwartet. Kommt er lebend zurück oder wird er verschluckt werden? Er hat darüber keine Kontrolle. Ähnlich ausgeliefert sind die Frauen Nordindiens ihren Männern: Sie sind abhängig von ihnen, und das auf Gedeih und Verderb. Die Ehe wurde von den Eltern arrangiert, stirbt der Mann, wird sie zur Witwe und damit zum Schmarotzer in seinem Haushalt. Sie ist dann weniger als ein Garnichts. Da in den höheren Kasten eine Frau nicht arbeiten darf, gibt es auch kaum Alternativen. Sie muss sich der Ehe stellen wie der Fischer dem Meer. Augen zu und durch.

Traditionell wird in Indien das Fasten zur Disziplinierung von Körper und Geist eingesetzt. Durch den Verzicht auf Essen kann sich der Fastende anderen wichtigen Aufgaben widmen, zum Beispiel der Partnerschaft. Also feiern die Frauen Nordindiens jedes Jahr Ende Oktober oder Anfang November das *Karva Chauth* und verzichten einen Tag lang auf Essen – für das Glück ihres Mannes: Denn sein Glück ist auch das ihre. Vor Sonnenaufgang wird noch eine Mahlzeit eingenommen, dann erst wieder nach Aufgang des Mondes.

Die Bezeichnung „Karva Chauth" kommt aus dem Hindi: *Karva* ist ein kleiner Topf, *chauth* ist die Zahl vier. Nach dem indischen

Mondkalender wird das Fest immer am vierten Tag nach dem letzten Vollmond im Oktober/November gefeiert und kann daher im Datum variieren. Da das Karva Chauth auch den Termin markiert, an dem das Wintergetreide ausgesät wird, gehen Ethnologen davon aus, dass es auf einen alten Bauernbrauch zurückgeht – in den nördlichen Regionen Indiens wird seit Jahrtausenden Getreide angebaut. Noch heute spielt Weizen beim Fest eine große Rolle: Die letzte Mahlzeit vor dem Fasten wird von der Schwiegermutter für die Schwiegertochter zubereitet und besteht aus einer süßen Mehlspeise, dem *Sargi*.

Das Fasten ist aber nur ein Teil des Rituals – der andere, viel spannendere Teil ist die Zusammenkunft verschiedener Frauen, um den Tag gemeinsam zu erleben. Sie bringen sich gegenseitig Geschenke mit, bemalen sich mit Henna und lauschen jedes Jahr aufs Neue der Erzählung von Prinzessin Veervati, die sich für ihren Mann aufopferte und die als strahlendes Vorbild gilt. Veervati gelang es, ihre angeschlagene Partnerschaft ins Gute zu wenden, da kann ihre Geschichte auch jede einzelne der Frauen, die sie Jahr für Jahr hören, dazu inspirieren. Sie wird von einer alten Frau oder angeheuerten Priesterin vorgetragen und ist inhaltlich mit den Märchen von der Gänsemagd und den wilden Schwänen verwandt. Ihre Moral ist eindeutig: Diene deinem Mann, egal, was passiert. Glaube an die wahrhaftige Beziehung und höre nie auf, daran zu arbeiten. Selbst in schlechten Zeiten. Der Tag wird kommen, an dem alles gut wird.

In der Geschichte feiert die Prinzessin Veervati das Karva Chauth, wie immer mit dem Schwur, nichts zu essen oder zu trinken, bis der der Mond am Himmel steht. Da sie zierlich und zerbrechlich ist, sorgen sich ihre sieben Brüder um sie und wenden eine List an: Sie zünden eine Fackel an und halten ein weißes Stück Tuch davor. Die Schwester soll denken, es handle sich dabei bereits um den aufgegangenen Mond. So unterbricht sie, ohne es zu wissen, ihr Karva Chauth verfrüht, kehrt nach Hause zurück und erfährt, dass ihr Mann, der König, von einem Unglück heimgesucht wurde: Tausende von Nadeln stecken in seinem Körper. Ein ganzes Jahr lang kniet sie an seiner Seite und entfernt eine Nadel nach der anderen. Als nur noch eine in ihm steckt, ist wieder Karva Chauth, und sie geht hinaus, um ein paar Dinge für das Ritual zu besorgen. Just in dem Moment entfernt eine Magd die letzte Nadel aus des Königs Körper. Dieser erwacht und hält die Magd für seine Gemahlin, der Veervati nun dienen muss. Viele Wochen verstreichen und der König begibt sich auf eine Reise. Er fragt seine falsche Frau, was er ihr mitbringen solle, und sie verlangt nach Diamanten und Gold. Veervati darf sich auch etwas wünschen, will aber nur einen Papagei. Als der König damit von der Reise heimkehrt, lehrt sie den Papagei zu singen: „*Roli ki goli hogai, goli ki roli hogai* – Die Magd ist die Königin und die Königin ist die Magd." Als dem König dies zu Ohren kommt, fragt er Veervati, was es mit dem Lied auf sich habe, erfährt endlich die Wahrheit und macht Veervati wieder zu seiner Frau. Die Magd wird bestraft.

Was die Frauen, die an einem Karva Chauth gemeinsam teilnehmen, besonders zusammenschweißt, ist das gegenseitige Bemalen mit Henna. Henna spielt in vielen arabischen Ländern bei Hochzeiten eine Rolle und wird dort von den Frauen gemeinsam aufgetragen. In Marokko, bei kurdischen Juden, in Südasien, bei den bulgarischen Sinti und Roma und vielen anderen Völkern werden die Hände und Füße der Braut in der Nacht vor der Hochzeit mit Henna gefärbt. Das pflanzliche Färbemittel soll angeblich vor dem bösen Blick schützen. Tatsächlich wirkt Henna antiseptisch und bewahrt die Braut vor Keimen. Es wurde früher als Schutz vor Lepra, Pocken, Tumoren und Abszessen eingesetzt, ja sogar am Ende von Schwangerschaften: In Marokko und Indien werden Niederkommende damit bemalt. Reines Henna ist so gut zu vertragen, dass es kaum Allergien dagegen gibt.

Noch spannender ist die aphrodisierende Wirkung von Henna: Es wird in Indien mit Eukalyptusöl, Nelkenöl und Zitrone vermischt und sondert so einen angenehmen Geruch ab, der betörend wirkt und sich lange Zeit auf der Haut hält. Es kühlt aber auch, und da Hände und Füße sowie der Haaransatz, auf den es auch aufgetragen werden kann, zu den erogenen Zonen gehören, stimuliert es dort gleich die Nervenenden. Nicht ohne Grund sind die tantrischen Figuren in den Höhlen von Ajanta über und über mit Henna bemalt.

Ornamente entwerfen, filigrane Muster malen, das kann auch sehr meditativ sein. Es ist eine Geste der Zuwendung und Innigkeit, wenn sich die Frauen beim Karva Chauth gegenseitig Hände, Füße und Haaransatz bemalen, gemeinsam ihre Körper mit Schnörkeln, Blumen und Mustern dekorieren. Sie sprechen dabei vielleicht über ihre Familien, ihre Männer, über ihre Sorgen, Ängste und ihr Glück. Man lacht, beschenkt sich, hört Musik. Ist zusammen, nicht alleine.

Es ist vor allem die Solidarisierung der Frauen, die alle beim Karva Chauth als etwas Besonderes wahrnehmen. Gerade Frauen aus höheren Kasten leben in Indien ein sehr zurückgezogenes Leben, sie dürfen sich nicht in der Öffentlichkeit zeigen oder allein in schicken Einkaufsvierteln ausgehen. Schon das Telefonieren miteinander, bis sich eine Gruppe zusammengefunden hat und besprochen ist, bei wem das Karva Chauth gefeiert wird und wer wann kommt, wer was mitbringt und wer welchen Sari trägt, kann den Alltag erhellen. Und damit es während des Festes nicht zu neidischen Reibereien kommt, bleiben die zeremoniellen Speisen, die den Göttern gereicht werden und von jeder Frau selbst zubereitet wurden, die ganze Zeit über von einem Tuch verdeckt.

Manche Soziologen nehmen an, dass das Karva Chauth ursprünglich ein Fest für die jungen Frauen war, die nach der Heirat zu den Familien ihres Ehemannes zogen und dort ein neues Leben begannen. Sie hatten dort weder Freunde noch Verwandte. Um ihnen ein wenig Hilfestellung zu leisten, wurde ihnen bei der Ankunft eine Art Patin oder Freundin zugeteilt, mit der sie sich austauschen und Karva Chauth feiern konnten.

Das Fest endet mit dem Aufgang des Mondes, sein Erscheinen am Himmel ist der Moment, an dem die Frauen wieder Speisen zu sich nehmen dürfen. So sitzen an diesem Nachmittag viele besorgte indische Familien auf ihren Terrassen und konzentrieren sich auf den Himmel. Nachbarn rufen sich über den Garten zu, wann die Zeitungen gemeldet hätten, dass endlich Mondaufgang sei, und Kinder rennen ungeduldig in den Garten, um ihren Müttern über den Verbleib der großen Himmelsscheibe zu berichten. Alle sorgen sich um das Wohl ihrer Mütter und Frauen.

Ist der Mond endlich zu sehen, dürfen die Frauen ihn jedoch nicht direkt anblicken, sondern nur durch ein Sieb oder das feine Zwirn ihrer Saris. Manche behaupten, dann in der Himmelsscheibe das Gesicht ihres Gatten zu erkennen. In dieser Stimmung gehen sie in den Garten und bewässern die Neem-Büsche mit Wasser, als

Opfergabe für den Mond, der still und leise jeden Tag aufs Neue vom Himmel leuchtet. Ganz gleich, ob es in der Partnerschaft gerade reibungslos funktioniert oder nicht. Als Dank für ihre tägliche Hingabe, die sie an diesem Tag in aller Deutlichkeit zeigen, erhalten die Frauen von ihren Gatten ein Geschenk und an diesem einen Abend bestimmen sie, wohin zum Essen ausgegangen wird.

Die Inderinnen freuen sich jedes Jahr auf ihr Karva Chauth, es ist ein fester Bestandteil ihres Lebens. Oder wie eine Tante von Puja Sahney es ausdrückte: „Jeden Tag beten wir in unseren Familien für unterschiedliche Dinge. An Karva Chauth aber kommen wir zusammen und beten alle für dasselbe: für eine gute Partnerschaft. Das gibt eine solche Kraft, dass ich mich jedes Jahr aufs Neue darauf freue."[2] Wer also in unseren Breitengraden einmal die Nase voll haben sollte von seiner Beziehung, gehe in sich, faste oder solidarisiere sich mit seinen Freundinnen oder Freunden. Vielleicht ist es nur eine Phase, die vorbeigeht. So wie der Mond mal runder und mal weniger rund ist – oder sich mal hinter einer dunklen Wolke versteckt.

Wie man die Liebe – und anderes – mit guten Freundinnen feiert

Sprechen und schwelgen: Empowerment und Mehndi

Mädelsabende haben sich bei uns ja schon lange eingebürgert, das Karva Chauth könnte eine Inspiration sein, solche Abende zu institutionalisieren und inhaltlich auf ein anderes Niveau zu bringen. Warum nicht einen Tag im Jahr festlegen, an dem man sich mit den Freundinnen zu einem Women-Empowering-Abend trifft?
Dabei werden Themen angesprochen, die für alle spannend sind, etwa Beruf und Berufung, Lehren und Lernen, Kreativität und Ego oder eben: Liebe und Partnerschaft. Alle Gäste bringen etwas zu essen mit und vielleicht denkt sich jemand eine Geschichte zur Einstimmung aus, die das Thema des Abends setzt. Danach werden die Hände mit Henna bemalt. Dafür aber bitte Geduld mitbringen.

Die Henna-Hautfarbe müssen Sie 24 Stunden vorher anrühren.
Sie benötigen dafür folgende Zutaten: 20 g frisches Hennapulver, 60 ml Zitronensaft (frisch gepresst und gesiebt), 1 TL Zucker, 1 TL Lavendel-, Teebaum- oder Cajeputöl (oder andere ätherische Öle).
Das Hennapulver in eine Schüssel sieben, um Klumpen zu vermeiden. Zitronensaft mit einem Schneebesen unter das Pulver mischen, bis es die Konsistenz von Kartoffelbrei hat. Zucker und Öl untermengen, bis es zähflüssig wird.

24 Stunden lang zugedeckt stehen lassen. Dann mit einem Löffel die Farbe vom Hennabrei abheben, mit etwas Zitronensaft vermengen und in eine Spritztüte oder einen Applikator geben. Die Haut vorher mit Wasser und Seife gründlich waschen. Mit der Spitze der Spritztüte Muster auf Hände und/oder Füße auftragen, eventuell Schablonen zur Hilfe nehmen. Warten, bis das Henna auf der Haut getrocknet ist, dann vorsichtig abwaschen und mit Olivenöl einreiben. Hält knapp zwei Wochen lang.

*

Das Leben versüßen

Sargi ist eine indische Süßspeise, die beim Karva Chauth traditionell von der Schwiegermutter zubereitet und der Schwiegertochter serviert wird. Sie schenkt damit der angeheirateten Frau Kraft und Stärke, um den restlichen Tag bis zum Aufgang des Mondes fastend durchzustehen. Entzünden Sie beim Servieren des Sargi eine Kerze. Jede darf sich in ihrem Schein etwas wünschen.

Sargi

Zutaten (für 4 Personen):
250 g Weizen-Vermicelli
50 g Ghee
1 l Vollmilch (Vollfett)
200 g Zucker
Einige Kardamomkapseln
Etwas Safran
Gehackte Nüsse zum Dekorieren

Die Vermicelli mit dem Ghee unter ständigem Rühren in der Pfanne anrösten. Die Milch mit den Kardamomkapseln zum Kochen bringen, die Vermicelli hineinrühren und dann 10 bis 12 Minuten bei geringer Hitze köcheln lassen. Vom Feuer nehmen und mit den Safranfäden und gehackten Nüssen verzieren. Kann kalt oder warm genossen werden.

Lieben, auch im Alter

FLITCH OF BACON, GROSSBRITANNIEN

Die Liebe ist ein Langstreckenlauf. Zu Beginn voller Kraft, dann außer Puste und irgendwann läuft's fast von selbst. Man muss nur dranbleiben. In England gibt es die kuriose *Flitch of Bacon*-Preisverleihung, die ausdauernde Liebe würdigt. Alle vier Jahre wird im Städtchen Dunmow in der Grafschaft Essex eine Speckseite an all die Paare vergeben, die schwören, sich mindestens ein Jahr und einen Tag lang in jedem Moment geliebt zu haben. Und es bewerben sich eben beileibe nicht nur junge Paare, sondern auch Kandidaten in Methusalems Alter. Ein jeder von ihnen strebt nach einem Biss in den saftigen Speck.

THE DUNMOW PROCESSION, JUNE 20, 1751.

PRINT OF THE TIME, BY DAVID OGBORNE

Der Sex der Alten ist wie der Sex der Engel: Wir wissen nicht, ob es ihn gibt oder ob es ihn nicht gibt. Oder ob es besser wäre, wenn es ihn nicht gäbe“, so befand noch der Altmeister Shakespeare in „Viel Lärm um Nichts“. Seit einigen Jahren hat sich in dieser Hinsicht jedoch gesellschaftlich viel getan, und die Frage, die sich stellt, lautet nicht mehr, *ob* Sex im Alter geht, sondern *wie* Sex im Alter geht.

Eos, die Göttin der Morgenröte, dachte das Problem zu umgehen, indem sie für ihren Partner Tithonos Unsterblichkeit erbat. Leider vergaß sie, für ihn auch ewige Jugend zu wünschen. Der bedauernswerte Tithonos wurde älter und älter, schrumpeliger und kleiner, bis von ihm nur mehr ein schrilles Krächzen übrig blieb. Zuletzt hatte Zeus Mitleid mit ihm und verwandelte ihn in eine Zikade.

Was damals die Götter vielleicht hätten erfüllen können, wenn man sie nur danach gefragt hätte, erledigen heute diverse Mittelchen und Sexualberater. Nicht zuletzt durch Aussagen des Pflegepersonals von Altersheimen hat die Gesellschaft Einblick in das Tun und Treiben der Senioren. Und ja, es wird sich selbst hier noch geliebt! Eine amerikanische Studie zum Sexualverhalten der Achtzig- bis Hundertzweijährigen[1] verrät, dass drei Viertel der Männer und zwei Drittel der Frauen noch sexuell aktiv sind. Alt, das ist eine Definition der Gesellschaft. Der Einzelne, soweit körperlich fit, fühlt sich nur alt durch das Verhalten der anderen um ihn herum.

Nirgends wird das deutlicher als auf Dating-Plattformen für über 50-Jährige: Fast jeder, der dort nach einem Partner sucht, gibt ein falsches Alter an: nach unten korrigiert. Denn in Sachen Liebe fühlen sich Alte genauso jung wie weniger Betagte. So sind Dating-Plattformen für diese Altersgruppe auch die, die gerade am schnellsten wachsen. Denn während es gesellschaftlich akzeptiert ist, dass man auch einen zweiten Frühling – und einen dritten oder vierten – erleben darf, gibt es doch im realen Leben kaum Orte, wo Menschen sich dafür kennenlernen können. In Klubs und Bars ist eine andere Zielgruppe unterwegs und der eigene Freundeskreis ist zu homogen: Viele Paare finden sich also über Profile im Netz, und wie sie sich darin darstellen, verrät viel über die Wünsche und Bedürfnisse der Geschlechter. So suchen ältere Frauen nicht nach einem Partner, den sie versorgen müssen, sondern wünschen sich einen, mit dem sie aktiv das Leben gestalten können. Männer dagegen hegen bei ihrer Suche nach einer Frau durchaus den Wunsch nach einem gemeinsamen Bestreiten der alltäglich anfallenden Dinge, etwa den Haushaltsangelegenheiten – so eine neue Studie im *Journal of Family Issues*[2]. Es geht sogar so weit, dass Frauen in den Profilen die Essgewohnheiten der Männer scannen, um sicherzugehen, dass der ausgewählte Partner auch lange fit bleiben möge, während Männer, man konnte es sich fast denken, nach möglichst jugendlichem Aussehen der Frauen trachten.

Doch ob neu zusammengewürfelt oder schon lange zusammengefunden, Liebe im Alter wird anders erlebt als Liebe in jungen Jahren: Alte Menschen haben offenbar durch die Schule des Lebens gelernt, dass es erfüllender sein kann, andere glücklich zu machen statt nur sich selbst. So berichten ältere Paare, dass sie ihren Sex viel fürsorglicher erleben als den in der Jugend. Man lässt sich mehr Zeit, sich gegenseitig zu stimulieren, und Sex wird zu einer neuen Ebene der Kommunikation. Sex wird zu einer Art zweiten Sprache, eine, die nicht athletisch und produktiv ist, sondern emotional und kommunikativ.[3]

Eine Forschergruppe des MIT[4] hat festgestellt, dass Paare auf lange Sicht nicht deswegen zusammenbleiben, weil sie gemeinsame Erinnerungen teilen: Der sogenannte *familiarity effect* mag Paare schon zusammenschweißen, ausschlaggebender ist jedoch, dass das Gehirn mit dem Alter so programmiert wird, dass es den meisten erstrebenswerter erscheint, in einer Beziehung zu leben. Das muss nicht unbedingt romantisch, sondern mag rein pragmatisch sein, eine überlebensnotwendige Maßnahme: Zu zweit lassen sich die Mühen des Alltags einfach besser bestreiten als alleine. Und Sex ist nun mal eine wichtige Zutat in der Suppe der Liebe. Außerdem ist er gut für die Gesundheit, vermag, dass man sich dann eben doch jünger fühlt, ist gut gegen Angst, stärkt das Selbstbewusstsein und ist ganz grundsätzlich eine Bejahung an das Leben. Kaum eine Medizin wirkt im Alter besser als regelmäßiger Körperkontakt. Darum wird gerade auf der ganzen Welt über Sexualerziehung im Alter nachgedacht.

Hochseriös, aber nicht ganz ohne Frivolität wird das Streben nach der vollkommenen Liebe – egal, in welchem Alter – im kleinen Städtchen Dunmow in Essex, England, gepflegt. Das Wort Sex fällt kein einziges Mal in den *Trials*, den Prozessen, die dort geführt werden, doch wäre dies kein ländlicher Brauch, wenn es nicht auch ein bisschen deftig hergehen würde. So ist die Belohnung für das Paar, das einem Richter und einer zwölfköpfigen Jury aus Jungfrauen und Jungmännern glaubhaft machen kann, sich ein Jahr und einen Tag lang geliebt zu haben, eine ganze saftige Speckseite. Denn es ist eine Art geflügeltes Wort in England, dass jeder seine Vorlieben mit dem Speck pflegt: „How would you like your bacon? Cooked, crispy or chewy?" Oder brutzelnd, roh, vielleicht sogar zäh?

In der Geschichte der *Flitch of Bacon Trials* haben sich durch die Jahrhunderte Alte, Junge, frisch Vermählte und echte Oldies um den Speck beworben. Wer ihn gewinnt, wird auf einer Art Thron durch den Ort getragen, muss dann auf spitzen Steinen niederknien und einen Schwur leisten. Angeblich stammt der Brauch vom Adelsgeschlecht der Fitzwalters aus dem Jahr 1104: Reginald Fitzwalter und seine Frau pilgerten in bäuerlicher Verkleidung ein Jahr und einen Tag nach ihrer Hochzeit zur nahegelegenen Kapelle, um dort zu bezeugen, dass sie sich nie gestritten und ihre Ehe keine Sekunde bedauert hätten. Der Pfarrer dort war so angetan vom jungen Paar, dass er ihnen, was gäbe es Passenderes, eine Kante Speck schenkte. Die Fitzwalters gaben sich zu erkennen und zeigten sich erkenntlich: Dem treuen Pfaffen schenkten sie Ländereien, mit der Auflage, er müsse immer eine Kante Speck vorrätig haben – falls andere wie sie kämen. Dies war die Geburtsstunde eines Brauches, der im England des Mittelalters allgemein bekannt gewesen sein muss, denn selbst Chaucer erwähnt den *Flitch of Bacon* in seinen „Canterbury Tales" – in einer solch beiläufigen Art, dass damals ganz offensichtlich einfach jeder davon gewusst haben muss.

Dass in einer Ehe beide zum Glück beitragen, erfassten die Leute von Dunmow, noch bevor die internationale Frauenrechtsbewegung richtig Fuß fasste. So heißt es in Dunmow in einer Rede von 1855: „Wo Menschen wahre Herzen und glückliche Ehen führen, wo Menschen Liebe und Vertrauen füreinander finden und die

Rolle der Frau innerhalb der Gesellschaft wertschätzen, dort haben sie einen guten Ort erreicht. Und noch besser, wenn sie dann in Dunmow sind. (Das Publikum jubelt Beifall)".[5]

Allerdings scheint der Brauch von Dunmow anfänglich zwar bekannt gewesen zu sein, wurde aber tatsächlich nicht besonders häufig ausgeführt: Bis ins viktorianische Zeitalter hinein gibt es nur vier dokumentierte Fälle von Ehepaaren, die die Speckschwarte für sich reklamierten. Im Jahre 1855 wurde der Brauch institutionalisiert und fand zunächst jedes Jahr statt, seit dem Zweiten Weltkrieg dann nur noch jedes Schaltjahr. Vor kurzem hat, wie so üblich, ein Designstudent den Thron neu gestaltet, sonst bleibt aber alles beim Alten. Welchen Fragen sich ein Paar beim Prozess stellen muss, transkribierte 1855 der Autor Wraxall. Ein gewisser Barlow und seine Frau, verheiratet seit 15 Jahren, traten an, den Speck für sich zu gewinnen.

Richter: Ich nehme an, dass Sie manchmal auch unterschiedliche Meinungen haben?
Mr Barlow: Nicht zu ehelichen Dingen, denn wir wollen unsere Gefühle zueinander nicht vergiften. Aber manchmal, wenn wir beisammensitzen und Tee trinken, sagt sie, dass ich bereits drei Tassen getrunken hätte, während ich davon überzeugt bin, erst zwei genossen zu haben.
Richter: Und was antworteten Sie darauf?
Mr Barlow: Nun, ich sage dann immer: Gut, dann trinke ich eben keine weitere Tasse Tee.
Richter: Aber ich nehme an, dass Sie ihren Charakter gut kennen und wissen, worauf sie dabei hinauswill?
Mr Barlow: Ich denke nicht, dass sie einen Streit anzetteln will. Die Sache hat sich immer in Wohlgefallen aufgelöst.

Später wird auch Mrs Barlow befragt und ein Freund des Paares. Dieser bescheinigt das eheliche Glück des Paares, nie hätte er einen Streit im Hause Barlow erlebt. Nur die Sache mit der dritten Tasse Tee, die bereite ihm etwas Unbehagen. Doch Mr Barlow meldet sich daraufhin zu Wort und erklärt: „Aber gerade diese dritte Tasse Tee ist doch ein klarer Beweis für das sanfte Gemüt meiner Gattin.“ Und somit erhielt das Ehepaar ihre Speckseite. Ob sie gebraten oder einfach so verzehrt wurde, ist nicht überliefert.

Auch der englische Schriftsteller und fanatische Briefschreiber Horace Walpole war einmal zu Gast in Dunmow. In Briefen an eine Freundin aus dem Jahre 1760 macht er sich auf gepflegte britische Art und Weise über den Brauch lustig: Sie sei doch bereits seit über einem Jahr verheiratet, warum sei sie dann nie nach Dunmow gekommen, den Speck einzufordern?[6] Horace Walpole ist heute etwas in Vergessenheit geraten, aber die Welt verdankt ihm neben der Erfindung der Gothic Novel eine der schönsten Wortschöpfungen: *Serendipity*. Walpole erfand das Wort, um damit etwas zu beschreiben, das man findet, ohne danach gesucht zu haben. Vielleicht ist es ja mit der Liebe im Alter genauso: Sie erscheint, wenn man sie gar nicht mehr erwartet, und betritt das Leben durchs Hintertürchen. Ob lange verheiratet oder frisch gefunden: Plötzlich ist sie da, die Liebe – und man kann genüsslich hineinbeißen.

Wie man die Liebe bis ins hohe Alter frisch hält

Die kleine Aufmerksamkeit
Die Liebe manifestiert sich selten in großen Gesten, sondern oft in den ach-so-kleinen. So gibt es Paare, wo er ihr jeden Morgen, ob Werktag oder Wochenende, einen Espresso ans Bett bringt. Es gibt Männer, die schenken ihrer Frau jeden Tag eine Rose. Ein Paar stempelt sich jeden Morgen aufs Neue einen Ehering auf den Ringfinger. Ein anderes malt sich jeden Tag ein Bild oder schickt sich immer zur selben Tageszeit eine SMS. Ob darin „Ich liebe Dich", „Heute war es wieder schön, neben Dir aufzuwachen" steht oder ein selbst geschriebener erotischer Fortsetzungsroman zu lesen ist, das ist Geschmackssache. Eine kleine tägliche Geste der Aufmerksamkeit, die nicht viel länger dauert, als die Zähne zu putzen. Probieren Sie es einmal aus. Womöglich hält Ihre Liebe dadurch ewig.

*

Den alten Speck ganz frisch schmecken
Umami ist die Erweiterung von süß, salzig, bitter und sauer: Es ist der Geschmack von etwas Herzhaftem. Und eines der ultimativen Gerichte mit Umami-Geschmack ist der Speck. Darum wird er auch in so vielen Gerichten mitgekocht, er liefert das gewisse

Etwas. Hier also ein Rezept von gereiftem Speck und frischen Feigen – eine wunderbare Kombination. Das Besondere daran ist, dass der alte Speck die junge Feige vor dem Ausdorren bewahrt und sie schön saftig hält.

Feigen im Speckmantel

Zutaten (für 4 Personen):
4 frische Feigen
4 Scheiben durchwachsenen Speck
4 TL Frischkäse
1 Becher Griechischer Joghurt (10 % Fett)
(Zitronen-)Thymian

Die Feigen von oben bis in die Mitte einschneiden und leicht auseinanderdrücken. Je einen Teelöffel Frischkäse hineingeben, wieder zusammendrücken und mit Speck (nicht zu dünn geschnitten) umwickeln. In eine kleine feuerfeste Form legen und bei 180 Grad etwa 12 Minuten gratinieren. Auf einem Teller einen Spiegel aus griechischem Joghurt anrichten und die gebackenen Feigen darauf platzieren. Mit etwas Thymian garnieren.

Slow-Rührei mit Speck

Ob nach der ersten Nacht oder vielen gemeinsamen Jahren: Dieses cremige Rührei mit knusprigem Speck macht aus jedem einen frisch Verliebten – denn es ist mit viel Zeit und Hingabe zubereitet. Am besten am Bett servieren!

Zutaten (für 1 Person):
3 Bio-Eier
1 EL Sahne
1 EL Butter
5 Scheiben Speck
Schnittlauch
Salz
Pfeffer
Brot

Eier und Sahne in eine Schüssel schlagen und mit der Gabel verrühren. Butter in eine Pfanne geben und auf kleinster Hitze schmelzen lassen. Die Eiermasse in die Butter geben und auf kleinstmöglicher Hitze ca. 20 Minuten rühren. Das Rührei darf nicht fest werden, sondern cremig, dann ist es richtig. Speck gleichzeitig in einer anderen Pfanne kross anbraten. Das Rührei auf einen Teller geben und nach Geschmack Schnittlauch, Salz und Pfeffer darüber streuen. Den Speck obenauf legen und alles mit einer gebutterten Scheibe geröstetem Brot servieren.

Die Liebe feiern

TU B'AV, ISRAEL

Werden neue Staaten gegründet, werden auch neue Feiertage eingeführt. Geglückte Revolutionen oder die Erklärung der Unabhängigkeit sind gute Daten, die einem neuen Staat die ideologische Richtung weisen können. Bei der Staatsgründung Israels besann man sich auf ein Fest, das Jahrtausende in Vergessenheit geraten war: Nur das Auslassen des täglichen Tachanun-Gebetes wies noch auf diesen besonderen Tag hin, an dem einst nichts weniger gefeiert wurde als die Liebe. Heute steht Tu B'Av wieder in den Kalendern und lädt ein, Liebe an diesem Tag großzuschreiben.

Irgendwann muss in einem Buch über die Liebe und das Feiern der Liebe dann doch das Stichwort „Valentinstag" fallen, gerne erst im letzten Kapitel. Der 14. Februar, weltweit als Tag der Liebe oder als die Rettung der Blumenindustrie gefeiert: An diesem Tag werden Rosen, Pralinen, aber auch, gähn, Kino-Gutscheine gut verkauft und an eine geliebte Person weiterverschenkt. Es gibt den Valentinstag u.a. in Japan, China, USA, Europa, Afrika, Australien. In Saudi-Arabien ist das Feiern des Valentinstags untersagt, schon Tage vorher ist der Verkauf von roten Rosen verboten. Wer am Valentinstag leer ausgeht, kann in Japan und Korea am *White Day*, genau einen Monat später, noch einmal auf ein Geschenk hoffen. Und wer in Korea an beiden Tagen nichts erhält, kann am *Black Day* darüber traurig sein und alleine Jajangmyeon, Nudeln mit schwarzer Soße, schlürfen.

Erwähnenswert ist Weihnachten als Fest der Liebe – in der westlichen Kulturwelt als Fest der besinnlichen Liebe gefeiert, in Japan missverstanden, sodass es an diesem Tag schwer ist, ein Zimmer in einem Boutiquehotel zu reservieren oder einen Platz für zwei in einem französischen Restaurant zu ergattern.

Über alle Ländergrenzen hinweg wird Liebe ohnehin am stärksten auf der Leinwand zelebriert: Made in Hollywood. Liebesfilme von dort prägen unser Verständnis vom Finden eines Partners mehr, als wir uns darüber bewusst sind. Das Einsetzen der romantischen Melodie, der Weichzeichner und am Ende der erlösende Kuss, wie beim Pawlow'schen Hund kommen da die Säfte ins Fließen und die Emotionen in Wallung. Meist geht es in den Filmen darum, die/den eine/n zu finden, die/der genau zu einem passt. In einem guten Liebesfilm müssen Hindernisse bewältigt, Schicksalsschläge weggepackt und Mut aufgebracht werden, um sich mit dem richtigen Partner zu verbinden.

Da die Traumfabrik fast gänzlich von Menschen jüdischer Herkunft getragen wird, ist es nicht verwunderlich, dass in den Liebesgeschichten auf der Leinwand eine jüdische Grundidee mitschwingt: Es ist das Prinzip des *Bashert,* ein jiddisches Wort, das so viel wie Schicksal bedeutet. Es gibt die *Basherte* oder den *Basherter,* was einen Seelenverwandten meint; im heutigen Sprachgebrauch heißt der Partner, ob noch gesucht oder bereits gefunden, auch einfach nur „mein Bashert". Es ist der Mensch, der von Gott für einen vorbestimmt wurde: der eine Mensch, der mich ergänzt, mit dem ich durchs Leben gehe und gemeinsam das lerne, was essentiell ist – ein wirklich schöner Gedanke. Laut der klassischen rabbinischen Literatur wird jedem Menschen 40 Tage vor der Geburt, während er noch im Mutterleib wächst, sein *Bashert* von Gott zugeteilt – und einfach ist das selbst für jemanden wie Gott nicht:

> *„Doch sogar Gott findet die Fügung des richtigen Partners ebenso schwierig wie die Teilung des Roten Meeres."*
>
> *Genesis Rabba lxviii. 3–4*

Damit jede Frau ihren Bashert auch wirklich finden konnte, wurde dafür ein Tag im jüdischen Kalender festgelegt: Der Tu B'Av, der 15. Tag im hebräischen Monat *Av*, zu Vollmond im Monat Juli/

August. An diesem Tag, so berichten die alten Schriften, zogen die Mädchen in die Weinberge um Jerusalem, in weiße Gewänder gekleidet, und tanzten dort ausgelassen. Den daraufhin herbei strömenden jungen Männern riefen sie zu: „Ihr jungen Männer, schaut auf und sehet selbst, was Ihr für Euch erwählt. Wählt nicht nach Schönheit, sondern nach Familie. Denn Anmut ist trügerisch und Schönheit eitel, aber eine Frau, die Gott ehrt, ist es wert, gelobt zu werden." (Ta'anit 4:8)[1] Damit die jungen Männer sich nicht von feinen Stoffen blenden ließen, tauschten die Mädchen gegenseitig ihre Kleider, sodass Mädchen aus reichen Familien nicht von Mädchen aus armen Familien zu unterscheiden waren.

In den strengen Gesetzen des Landes war dieser Tag auch der einzige im Jahr, an dem Liebeshochzeiten stattfinden durften: Mädchen von einem Stamm konnten also Männer von einem anderen Stamm heiraten.

Es wäre aber nicht jüdisch, wenn es für diesen Festtag nicht noch furchtbar viele andere, komplizierte Auslegungsoptionen gäbe. Die Liste der Gründe, warum genau an diesem Tag das Fest der Liebe stattfindet, ist ausgesprochen lang und mal mehr, mal weniger symbolisch aufgeladen.

Auf einer ganz banalen Ebene ist es nichts anderes als ein Mittsommerfest, wie es in vielen heidnischen Gesellschaften rund um das Mittelmeer gefeiert wird: eine ausgelassene kultische Fruchtbarkeitsfeier, bei der die Weinrebe im Zentrum steht – ganz im Sinne des Psalmen-Zitats „Wein muss die Lebendigen erfreuen". So geht man davon aus, dass ein syrisches Fruchtbarkeitsritual die Vorlage lieferte – genauso wie die hocherotischen Verse des Hohelieds Salomos wahrscheinlich auf syrische Hochzeitslieder zurückzuführen sind. Auch darin spielt übrigens der Wein immer wieder eine große Rolle:

Mit Küssen seines Mundes bedecke er mich.
Süßer als Wein ist deine Liebe.
Köstlich ist der Duft deiner Salben,
dein Name hingegossenes Salböl;
darum lieben dich die Mädchen.
Zieh mich her hinter dir! Lass uns eilen!
Der König führt mich in seine Gemächer.
Jauchzen lasst uns, deiner uns freuen,
deine Liebe höher rühmen als Wein.
Dich liebt man zu Recht.
Hohelied Salomos 1

Israelische Archäologen entdecken neuerdings immer mehr Querverbindungen zwischen einem dionysischen Kult, der in Ägypten forciert wurde und wahrscheinlich mit dem Exodus seinen Weg in die jüdische Kultur fand.[2]

Natürlich muss diese sinnliche, heidnische Sicht auf das Fest von jüdisch-orthodoxer Seite gemäßigt werden und so liefern die Strenggläubigen eben auch eine andere Interpretation, die allerdings ziemlich trocken ist: Ab dem Mittsommerfest werden die Nächte wieder länger und daher sei wieder mehr Zeit, die Tora zu studieren. Ein Grund zu feiern also!

Trocken sollen auch die Hölzer sein, die bis zu diesem Tag an den Tempel geliefert wurden: Damit das Tempelfeuer ewig brennen konnte, mussten die Hölzer frei von Würmern und Saft sein. So war der Tu B'Av, der 15. des Monats Av, der letzte Tag, an dem Feuerholz zum Tempel gebracht werden durfte. Danach durfte erst im Februar wieder Holz geschlagen und gesammelt werden – im August war das dann wieder trocken.

Eine weitere Erklärung für diesen Tag der Liebe findet sich in der epischen Erzählung von der Wanderung des Volkes Israel durch die Wüste – einer Geschichte, die so hollywoodreif ist, dass Hollywood sie auch schon mehrmals verfilmte: Gott hatte Moses und den zwölf Stämmen Israels das gelobte Land versprochen. Sie zogen durch die Wüste und schickten zwölf Kundschafter los, um das Land am Horizont zu erkunden. Zehn von den Zwölfen kehrten meckernd zurück: Ja, das Land mit Milch und Honig gäbe es schon, aber ... Sie fanden lauter Ausflüchte, warum die Gegend nicht bewohnbar sei, Riesen, kriegerische Stämme etc. Nur zwei der Kundschafter kamen mit positiven Eindrücken – und einer schweren Weintraube – zurück und rieten zum Weiterziehen. Der jähzornige Gott der Juden war daraufhin erzürnt. Dass man nach all seinen Taten – Plagen auf Ägypten schicken, Teilung des Roten Meeres, Manna-Speisung in der Wüste – sein Versprechen von einem gelobten Land noch anzweifelte! Er bestrafte die Israeliten: 40 Jahre lang sollten sie in der Wüste umherirren! Und jedes Jahr, am Tisha B'Av musste jeder der rund 500.000 Flüchtenden ein Grab graben, sich hineinlegen und am Morgen danach sollten nicht alle wieder daraus aufstehen!

Nach 40 Jahren aber legten sich die letzten 15.000 Menschen in die Gräber und alle erwachten am nächsten Tag wieder. Ungläubig blieben sie fünf Tage so liegen, und als sie dann noch immer nicht gestorben waren, wussten sie, dass Gott ihnen vergeben hatte. Sie erhoben sich und fanden kurz darauf den Weg aus der Wüste heraus.

Tu B'Av wird sechs Tage nach diesem traurigsten aller jüdischen Feiertage, dem Tisha B'Av, gefeiert und ist der letzte Feiertag im jüdischen Kalender, sodass jedes Jahr mit einem Happy End aufhört. Und so ist es in Hollywoodfilmen eben auch: Erst wird Schweres erlitten, dann wird es überwunden und nach vielen Abenteuern und Gefahren wird am Ende alles gut.

Allerdings wurde das Tu B'Av Fest nachweislich nur bis zur zweiten Tempelperiode gefeiert, also bis knapp 70 nach Christus. Danach verschwand es vom Kalender und nur während der täglichen Andacht durch den Rabbi gab es an diesem Tag einen Hinweis auf einen Feiertag. Zur Zeit der Staatsgründung Israels überlegte man sich, alte Feste wieder einzuführen. Und so fanden in den 1920er-Jahren in den Kibbuzzen die ersten wiederbelebten Tu B'Av statt, mit weiß gekleideten Mädchen, tanzend, Blumenkränze im Haar. Ein hübsches Bild. Seither sind viele Jahre vergangen und Tu B'Av ist so etwas geworden wie der jüdische Valentinstag. Mittlerweile haben auch in den USA lebende Juden diesen Brauch aufgegriffen. In Israel spielt an diesem Tag das Radio romantische Lieder rauf und runter, während die Zeitungen Orte für romantische Begegnungen anpreisen – und ja, romantische Restaurants sind auch alle ausgebucht. *L'Chaim!* Ein Hoch auf das Leben! Und die Liebe!

Wie man die Liebe und das Leben leuchten lässt

Eine White-Dinner-Party veranstalten

Die Farbe Weiß begleitet in vielen Kulturen den Neubeginn. Wenn also die Mädchen am Tu B'Av in Weiß gekleidet tanzen, so tanzen sie für einen neuen Lebensabschnitt, für neue Freude, für neue Verbindungen. Der Anfang von etwas, das kann nur ein guter Anlass zum Feiern sein! Seit dem ersten Dîner en blanc in Paris sind unzählige Ableger davon weltweit aus dem Boden gewachsen: Es sind ursprünglich privat geplante, übers Internet verbreitete, nicht kommerzielle Veranstaltungen, zu denen sich sehr viele weiß gekleidete Menschen einfinden und gemeinsam picknicken. Was erst einmal nicht besonders aufregend klingt, erhält durch das strahlende Weiß eine eigene Kraft. Jeder ist dank der weißen Kleidung gleichgestellt. Keiner ist besonders cool, besonders lässig oder besonders chic, denn alle tragen einfach nur Weiß. Weil jeder aus seinem eigenen Fundus schöpft, sind die Kleider manchmal sogar zu groß, zu eng oder zu kurz. Das ist egal. Hauptsache ist, dass alles blütenweiß leuchtet. Warum also nicht den eignen Freundeskreis zu einer White-Dinner-Party versammeln? Freunde, Familie, Verwandte, sie alle verbindet die weiße Kleidung. Entweder einen schönen Platz in der Natur oder einem öffentlichen Park suchen – oder einfach über die Tische zu Hause weiße Decken ausbreiten, die Tafel mit weißen Blumen schmücken und helle Gerichte kochen. Zum Beispiel einen Fisch nach jüdischer Art (siehe unten).

*

Die Windsbraut rufen

„Es zieht wie Hechtsuppe", lautet eine amüsante Redewendung, die allerdings mit Hecht gar nichts zu tun hat. Im Jiddischen bedeutet „hech supha" so viel wie „die Windsbraut naht", ein arger Wind wird kommen. Nun, den schönen Windsbräuten, die auf Ihrer White-Dinner-Party erscheinen, wird die Hechtsuppe gut munden. Und vielleicht bringen sie und ihre Begleiter viel frischen Wind mit zum Fest.

Hecht nach jüdischer Art

Zutaten (für 4 Personen):
1,2 kg Hecht
1 Bund Suppengemüse (Karotte, Petersilienwurzel, Sellerie)
¼ l Weißwein
30 g Rosinen
3 Scheiben Zitrone, entkernt und geschält
Essig
Gemüsebrühe
Salz

Für die Sauce:
1 EL Butter
1 EL Mehl
1 TL Safran
1 TL Zucker
1 TL Honig

Den Fisch schuppen, ausnehmen, gründlich waschen und in Portionsstücke teilen. Salzen und 1 Stunde ruhen lassen. Inzwischen das zerkleinerte Gemüse in leicht gesalzenem Wasser halb weich kochen und abgießen. Fischstücke mit Gemüse, Rosinen und Zitronenscheiben in eine Kasserolle legen. Den Wein, einen Schuss Essig und so viel Gemüsebrühe angießen, bis der Fisch bedeckt ist. Zugedeckt 5 bis 10 Minuten garen. Hechtstücke herausnehmen, abtropfen lassen und auf einer Platte warm halten. Den Sud abseihen. Rosinen und Zitronenscheiben herausnehmen und den Fisch damit garnieren. Für die Sauce das Mehl mit Butter, Safran und dem Zucker verkneten, in kleinen Flöckchen in den kochenden Sud rühren und einige Minuten kochen lassen. Mit Honig abschmecken und über den Fisch gießen. Mit Kartoffeln servieren!

Quellenverzeichnis

DIE LIEBE SCHMECKEN

1 Catull: *Sämtliche Gedichte.* Übersetzt und herausgegeben von Michael von Albrecht. Stuttgart, Reclam 1995
2 Willibald von Schulenburg: *Wendisches Volksthum in Sage und Sitte.* Durchgesehener Neusatz, Berlin, Edition Holzinger 2014, S. 142–143
3 David M. Stoddart: *The Scented Ape. The Biology and Culture of Human Odour.* Cambridge University Press 1990, S. 63
4 Ellen Sandbeck: *Green Barbarians. Live Bravely on Your Home Planet.* New York, Scribner 2009, S. 51–54
5 Alex Comfort: *The Joy of Sex.* New York, Crown Publishers 1972, S. 34
6 Ingelore Ebberfeld: *Flüchtige Liebesbotschaften. Geruch und Kommunikation.* In: Gestalt-Zeitung, Frankfurt 2006, S. 7

Weitere Literaturhinweise:

Roy Levin: *Smells and Tastes. Their Putative Influence on Sexual Activity in Humans.* In: Sexual and Relationship Therapy, Vol. 19, 2004, S. 451–462

Desmond Morris: *The Naked Woman. A Study of the Female Body.* London, Jonathan Cape 2004, S. 119–122

DIE LIEBE ERSTEIGERN

1 Carsten Vorwig und Andreas Garitz: *Liegt Barmen im Himalaja? Chronologie eines volkskundlichen Filmprojektes und zugleich eine Reise in die sozialen Universen eines rheinischen Maifestes.* In: Rheinisch-westfälische Zeitschrift für Volkskunde, Bd. 48, 2003, S. 13
2 Alois Döring: *Rheinische Bräuche durch das Jahr.* Köln, Greven Verlag, 2007, S. 208
3 Hans-Willi Wey: *Mailehen – Erlebnis des „Überlebten". Ein Brauch als Medium.* Dissertation zur Erlangung des philosophischen Doktorgrades an der Philosophischen Fakultät der Georg-August-Universität zu Göttingen, 2002, S. 170
4 Döring, S. 209
5 Ebd.

DIE LIEBE DURCH EIN GESCHENK BEWEISEN

1 Richard Sennett: *Handwerk.* Berlin, Berlin Verlag 2008, S.34–37

Weitere Literaturhinweise:

Simon J. Bronner: *The Haptic Experience of Culture.* In: Anthropos, Bd. 77, H. 3/4, 1982, S. 351–362

George P. Monger: *Marriage Customs of the World. An Encyclopedia of Dating Customs and Wedding Traditions.* Santa Barbara, ABC-CLIO, 2013

Philip Morgan: *Love Spoons.* In: British Heritage, Vol. 26, Issue 2, 2005

Herbert E. Roese: *Lovespoons in Perspective.* In: Bulletin of the Board of Celtic Studies, Vol. 35, 1988, S. 106–116

M. Wight: *Peasant Art in Britain.* In: Design, Vol. 48, Issue 2, 1946

Peter Young: *Oak.* London, Reaktion Books 2012

DIE LIEBE EINATMEN

1 Manatū Taonga Ministry for Culture and Heritage (Hg.): *Te Ara – The Encyclopedia of New Zealand.* http://www.teara.govt.nz/en
2 Siegismund Librowicz: *Der Kuss und das Küssen. Eine Studie für Gebildete und andere.* Münster, LIT Verlag 2004
3 http://www.3news.co.nz/general/hongi-with-politicians-necessary-to-know-the-enemy--tame-iti-2008080812
4 Bronisław Malinowski: *Das Geschlechtsleben der Wilden in Nordwest-Melanesien. Liebe, Ehe und Familienleben bei den Eingeborenen der Trobriand-Inseln/Britisch-Neu-Guinea.* Leipzig und Zürich, Grethlein & Co 1928
5 Paul C. Rosenblatt: *Communication in the Practice of Love Magic.* In: Social Forces, Vol. 49, No. 3, 1971, S. 482–487
6 Richard Hawley: *'Give Me a Thousand Kisses'. The Kiss, Identity, and Power in Greek and Roman Antiquity.* In: Leeds International Classic Studies, Vol. 6, No. 5, 2007, S. 1–15
7 Adrianne Blue: *Vom Küssen oder Warum wir nicht voneinander lassen können.* München, dtv 1996, S. 43

Weitere Literaturhinweise:

Christina Thompson: *A Dangerous People Whose Only Occupation Is War: Maori and Pakeha in 19th-Century New Zealand.* In: The Journal of Pacific History, Vol. 32, No. 1, 1997, S. 109–119

DIE LIEBE ÖFFENTLICH MACHEN

1 Peter Kruschwitz: *Writing on Trees. Restoring a Lost Facet of the Graeco-Roman Epigraph Habit.* In: Zeitschrift für Papyrologie & Epigraphik, Bd. 173, 2010, S. 47
2 Ebd., S. 53
3 Gábor Orosz/Ádám Szekeres/Zoltán G. Kiss/Péter Farkas/Christine Roland-Lévy: *Elevated Romantic Love and Jealousy if Relationship Status is Declared on Facebook.* In: Frontiers in Psychology, Vol. 6, 2015, S. 1
4 Xuan Zhao/Victoria Schwanda Sosik/Dan Cosley: *It's Complicated: How Romantic Partners Use Facebook.* Proceedings of the SIGCHI Conference on Human Factors in Computing Systems, 2012, S. 772
5 *Lodovico Ariostos Rasender Roland in vier Teilen.* Übersetzt von Johann Diederich Gries. Stuttgart, Cotta'sche Bibliothek der Weltliteratur 1888

Weitere Literaturhinweise:

Greg Bowe: *Reading Romance. The Impact Facebook Rituals Can Have on a Romantic Relationship.* In: Journal of Comparative Research in Anthropology & Sociology, Vol. 1, 2010, S. 61–77

Ernst Doblhofer: *‚Ich schnitt' es gern in alle Rinden ein'. Zur Geschichte eines antiken Motivs.* In: Antike und Abendland, Bd. 42, 1996, S. 174–188

Jeanne Porter Wylie: *Student Customs in the University of Arkansas.* University of Arkansas, 1933

Eva Lia Wyss (Hg.): *Communication of Love. Mediatized Intimacy from Love Letters to SMS.* Interdisciplinary and Historical Studies. Bielefeld, Transcript Verlag 2014

DIE LIEBE STEHLEN

1 Bishkek International School of Management and the United Nations Development Programme: *Being Stolen.* In: Kymyz, Computers, Customs, and Other Writings. A collection of accessible texts for learners of English in Kyrgyzstan. Bishkek International School of Management and Business and the United Nations Development Programme, 1995
2 Russ Kleinbach und Sarah Amsler: *Bride Kidnapping in the Kyrgyz Republic.* In: International Journal of Central Asian Studies, Vol. 4, 1999
3 Birgit Fenzel: *Die Schwiegermutter auf der Schwelle.* In: MaxPlanckForschung 2/09, S. 88–95

DIE LIEBE AUSHALTEN

1 Philip Mayer: *Privileged Obstruction of Marriage Rites among the Gusii.* In: Africa. Journal of the International African Institute, Vol. 20, No. 2, 1950, S. 113–125

DIE LIEBE UND DER SEX

1 Sonia Ryang: *Love in Modern Japan. Its Estrangement from Self, Sex and Society.* Oxford, Routledge 2006, S. 9
2 Janet R. Goodwin: *Selling Songs and Smiles. The Sex Trade in Heian and Kamakura Japan.* Honolulu, University of Hawaii Press 2007, S. 107

Weitere Literaturhinweise:

Michaela Vieser: *Fetisch vs. reale Gefühle. Sexualität in Japan.* Deutschlandradio Kultur, Zeitreisen, 14.11.2012

FÜR DIE LIEBE GEMEINSAM KOCHEN

1 Anita von Poser: *Foodways and Empathy. Relatedness in a Ramu River Society, Papua New Guinea.* New York/Oxford, Berghahn Books 2013, S. 124
2 Ebd., S. 127

UNGEZWUNGEN LIEBEN

1 Chuang-kang Shih: *Tisese and Its Anthropological Significance. Issues around the Visiting Sexual System among the Moso.* In: L'Homme, No. 154+155, 2000, S. 700
2 Ting Ji/Jia-Jia Wu/Qiao-Qiao He/Jing-Jing Xu/Ruth Mace/Yi Tao: *Reproductive Competition between Females in the Matrilineal Mosuo of Southwestern China.* In: Philosophical Transactions B, The Royal Society, Vol. 368, 2013
3 Xiaolin Guo: *State and Ethnicity in China's Southwest.* Leiden, Brill 2008, S. 140
4 Chuang-kang Shih, S. 704

DIE FAMILIE AN DER LIEBE TEILHABEN LASSEN

1 Katie Barclay: *An Excellent New Song. Intituled a Bonny Lad of High Renown.* Vortrag auf der Konferenz „Emotion, Ritual & Power in Europe: 1200 to the Present", Adelaide, Februar 2014
2 Chalandra M. Bryant/Rand D. Conger/Jennifer M. Meehan: *The Influence of In-Laws on Change in Marital Success.* In: Journal of Marriage and Family, Vol. 63, Issue 3, 2001, S. 614–626

SICH SELBST LIEBEN LERNEN

1 Julie Parle und Fiona Scorgie: *Bewitching Zulu Women. Umhayizo, Gender, and Witchcraft in KwaZulu-Natal.* In: South African Historical Journal, Vol. 64, Nr. 4, 2012, S. 855
2 Ebd., S. 852–875
3 Maria Helena Sanchez Ortega: *Sorcery and Eroticism in Love Magic.* In: Cultural Encounters. The Impact of the Inquisition in Spain and the New World. Oakland, University of California Press 1991
4 Margot Adler: *Drawing Down the Moon. Witches, Druids, Goddess-Worshipers and Other Pagans in America.* London, Penguin 2006, S. 358
5 John A. Stover: *When Pan met Wendy. Gendered Membership Debates Among Radical Faeries.* In: Nova Religio. The Journal of Alternative and Emergent Religions, Vol. 11, Nr. 4, University of California Press 2008, S. 33
6 Stuart Timmons: *The Trouble with Harry Hay. Founder of the Modern Gay Movement.* San Francisco, Carrier Pigeon Press 1991, S. 266
7 Margot Adler, ebd.
8 John A. Stover, S. 36
9 Arthur Evans: *Gay Witchcraft and the Counterculture.* Boston, Fag Rag Books 1978
10 John A. Stover, S. 45
11 Donatella Marazziti und Domenico Canale: *Hormonal Changes When Falling in Love.* In: Psychoneuroendocrinology 29, 2004, S. 931–936

DIE LIEBE UND DIE SEHNSUCHT

1 Sei Shonagon: Das Kopfkissenbuch der Hofdame Sei Shonagon. Zürich, Manesse 1956
2 http://jti.lib.virginia.edu/japanese/manyoshu/AnoMany.html
3 http://dwb.uni-trier.de/de/

Weitere Literaturhinweise:

Michael Como: *Silkworms and Consorts in Nara Japan.* In: Asian Folklore Studies, Vol. 64, 2005

Nelly Naumann: *Die webende Göttin:* In: Nachrichten der Gesellschaft für Natur- und Völkerkunde Ostasiens, Bd. 133, 1983, S. 5–76

Steven L. Renshaw: *Astronomical Phenomena in the Development of Political Hegemony in Early Japanese History. An Interdisciplinary Study in Cultural Astronomy.* In: Anthropological Notebooks, Vol. 19, Supplement, 2013

Eva Stöcker: *Tanabata. Das sommerliche Sternenfest im Bild moderner japanischer Ratgeberliteratur.* Bachelorarbeit zur Erlangung des akademischen Grades Bachelor of Arts im Fach Regionalstudien Asien/Afrika, Humboldt-Universität Berlin, 2012

SICH FÜR DIE LIEBE AUFOPFERN

1 Puja Sahney: *A Cultural Analysis of the Indian Women's Festival of Karvachauth.* Utah State University, 2006
2 Ebd, S. 21

Weitere Literaturhinweise:

Katherine Ann Dettwyler: *Cultural Anthropology and Human Experience. The Feast of Life.* Long Grove, Waveland Press 2011

Suad Joseph/Afsana Nagmabadi: *Encyclopaedia of Women and Islamic Cultures: Family, Body, Sexuality and Health.* Vol. 3. Brill, 2005

George P. Monger: *Marriage Customs of the World. An Encyclopedia of Dating Customs and Wedding Traditions.* Santa Barbara, ABC-CLIO 2013

LIEBEN, AUCH IM ALTER

1 P. Marandola et al.: *Love and Sexuality in Aging.* In: The Aging Male, Vol. 5, 2002, S. 103–113
2 Summer McWilliams und Anne E. Barnett: *Online Dating in Middle and Later Life: Gendered Expectations and Experiences.* In: Journal of Family Issues, Vol. 35, 2014. S. 411–436
3 Robert N. Butler und Myrna I. Lewis: *The Second Language of Sex.* In: Robert L. Solnick (Hg.): Sexuality and Aging, University of Southern California Press, 1978, S. 180
4 Laura L. Carstensen: *Growing Old or Living Long. Take Your Pick.* In: Issues in Science and Technology, Vol. 23, No. 2, 2007
5 Lascelles Wraxall: *The Custom of Dunmow.* In: Bentley's Miscellany, Vol. 38, 1855, S. 178
6 Ebd., S. 174

DIE LIEBE FEIERN

1 Mishna Taanit, http://www.sefaria.org/Mishnah_Taanit.4.8?lang=en&layout=lines&sidebarLang=all
2 Stephen Gabriel Rosenberg: *Boy Meets Girl on Tu Be'av.* In: The Jerusalem Post, 08.01.2012

Michaela Vieser und Irmela Schautz bedanken sich bei: Laura Gawinski, unserer fantastischen Praktikantin, die quer dachte und tief recherchierte. Anita von Poser, die ihr Wissen mit uns teilte. Christian Ridder für seine Genauigkeit, seine Hilfe und seine Inspiration. Reto Wettach für seine zündenden Ideen. Katrin Kroll für Rat und Tat. Heike Bräutigam, die den letzten Schliff gab, und den danach und dann noch einen.

Danke für lange Fragen und kurze Wege an Donna Heddle, Agata Kaplon, Roman Deckert. Und Danke an zwei, die sich mit Liebe auskennen: Sappho und Kim Flamingo.
Michaela Vieser

Danke an Claudia Kabel und Ines Iwen, für ihre Anregung zum Buch. Danke an Achim M'Rabet für die Postproduktion des Covers. Danke an Annabelle von Sperber und Micha Binder, die ihr Wissen und Können immer mit mir teilen.
Irmela Schautz

Michaela Vieser schaut auf das Vertraute gerne mit einem fremden Blick. 1972 im Nordbadischen geboren, absolvierte sie ihren Highschool-Abschluss in New York und studierte Japanologie und asiatische Kunstgeschichte an der schillerndsten Universität Europas, der SOAS in London. Sie war Mitglied der Royal Asiatic Society und forschte an der japanischen Universität Tōhoku in Sendai. Eine Zeit lang entwickelte sie für ein chinesisches Medienunternehmen neue Formate, bevor sie sich in Berlin niederließ und begann, Bücher zu schreiben: In ihrem Bestseller „Tee mit Buddha" erzählt sie von einem japanischen Kloster, in dem sie ein Jahr lang lebte und lernte; in „Übersehene Sehenswürdigkeiten – Deutsche Orte" macht sie sich auf die Suche nach einem unbekannten Deutschland und in „Von Kaffeeriechern, Abtrittanbietern und Fischbeinreißern" setzt sie sich mit Berufen auseinander, von denen heute kaum mehr etwas bekannt ist. Sie produziert Features fürs Deutschlandradio und schreibt über kleinere Entdeckungen in Magazinen. Als Dozentin inspiriert sie Studenten und Think Tanks von Aarhus bis Ankara. Michaela Vieser lebt mit ihrem Mann und den gemeinsamen drei Kindern in Berlin. Mehr auf www.michaelavieser.de

Irmela Schautz wurde 1973 in Ravensburg geboren. Sie wuchs in einem alten Bauernhaus auf, in dem es genügend Platz für gefundene Schätze, einen Schrank voller Sachen zum Verkleiden und eine Menge Papier gab. Sie studierte Malerei und Grafik an der Kunstakademie Münster und Bühnen- und Kostümbild an der Akademie für Bildende Künste in Stuttgart. Während eines sechsmonatigen Arbeitsaufenthaltes in Tokio entwarf und fertigte sie für die Mozartoper „Così fan tutte" Kostüme aus Alltagsmaterialien an. Die japanische Ästhetik und der besondere Umgang mit Papier in Japan beeinflussten ihre Arbeit nachhaltig. Seit 2005 illustriert Irmela Schautz für Verlage und Magazine, sie nutzt in ihren Illustrationen unterschiedlichste Techniken und verführt damit zum genauen Hinschauen. Das Buch „Von Kaffeeriechern, Abtrittanbietern und Fischbeinreißern" entstand in Zusammenarbeit mit der Autorin Michaela Vieser. Außerdem liegen zwei Inspirationsbücher vor: „Mein 365-Tage-Buch" und „Mein Scribble- und Inspirationsbuch – Catch the day". Seit 2013 lehrt Irmela Schautz an der Akademie für Illustration und Design (AID Berlin). Sie lebt mit ihrer Familie in Berlin.
Die Illustrationen aus diesem Buch sind als hochwertige, signierte Drucke erhältlich. Weitere Informationen und Details auf www.irmela-schautz.de

Text: Michaela Vieser
Illustration: Irmela Schautz
Umschlaggestaltung und Typographie: buero8, Wien
Lithographie: Reproline-Genceller, München
Druck und Bindung: Pustet, Regensburg
ISBN 978-3-95614-064-8